JN039692

KOHNO KENICHI

PASSION《パッション》

新世界を生き抜く子どもの育て方

How to raise children who survive the new world

サッカーコンサルタント
幸野健一著

徳間書店

はじめに

みなさん、こんにちは。幸野健一です。僕を知る人からは「ケンさん」と呼ばれています。

僕の仕事は、サッカーコンサルタント。育成を中心に、サッカーに関わる課題解決をしている。同時に、日本最大級の施設をもつFC市川ガナーズの代表で、小学5年生年代の全国リーグ、プレミアリーグU－11の実行委員長をしています。

僕が人生をかけて情熱を注ぐサッカーに出合ったのは、今から50年以上前のこと。1967年10月9日だった。

6歳だった僕は父親に連れられて、雨の降りしきる旧国立競技場（国立霞ヶ丘競技場）のスタンドにいた。初めてのサッカー観戦、目の前に広がった大観衆の景色をよく覚えている。

その試合は、メキシコオリンピックの東アジア地区予選で、勝ち点で並んでいた日本と韓国の試合だった。勝ったほうがオリンピックへの出場がほぼ決まるということで、異様な雰囲気に包まれていたんだ。

試合は、日本が先制するも追いつかれるという一進一退の内容。3対3のままタイムアップかと思われたときに、韓国選手がシュートを打った。それが、日本のゴールポストに当たり、カーンという音と共に跳ね返った。心臓が止まるくらいビックリしたけど、その直後に試合終了のホイッスルが鳴ったんだ。

日本のオリンピック出場が、事実上決まった瞬間だった。

全身から喜びが沸き起こって、隣にいた父と抱き合った。周りを見ると、誰彼となく同じように抱き合っていて、父の目には涙が浮かんでいた。人はうれしいときにも泣くということを、初めて知った瞬間だった。

あのときから僕は、サッカーに夢中になった。父と毎朝、近所の公園でボールを蹴った。でも、そこから先の学生時代は、楽しさよりも、理不尽な出来事がたくさんあった。上下関係、勝利至上主義、根性論……。サッカーが楽しいと思えなくなっていった。

でも、17歳のときにイングランドに渡り、長年疑問に思ってきたことが一気に解決したんだ。そこにはサッカーと共に幸せに暮らす人々がいて、サッカーがみんなの生活に溶け込んでいた。日本もこんなふうになればいいのにと思ったことを覚えている。

1993年にJリーグが始まって、トップの選手たちの環境は劇的に変わった。でも、育成年代はなかなか変わらなかった。

Jリーグが開幕した1993年5月15日の11日前の5月4日、息子の志有人《しゅうと》が生まれた。小学生に上がる頃には、持って生まれた才能があることに気がついて、楽しくサッカーをやりながら、どうすれば才能を引き上げてあげることができるか、深く考えて環境を整えていった。

志有人は、16歳のときにFC東京とプロ契約をした。自分の子どもがプロ選手になるまでの過程や、自分自身のこれまでの海外での経験が合わさり、日本サッカーが未来へ進んでいくために必要なものが見えてきた。

だからこの10年、指導者たちに訴えかける講演会をやり、記事をたくさん書いてきたんだ。

ただ、僕の講演会に来てくれたり、記事を読んでくれたりする指導者は、学ぼうとする意欲がある人たちだけど、本当に読んでほしい、聞いてほしいのは学ぼうとしない指導者で、残念ながらそちらのほうが圧倒的に多い。

指導者に対するアプローチも大事だけど、それだけではなかなか改革が進まない。だから、親御さん、それも子どもといる時間が一番長いサッカーママさんにもアプローチを始めたんだ。

インスタグラム（@footy_ken）で僕のフォロワーになってくれている５０００人以上のサッカーママさんたちからは、「どうすればいいですか」という悩みが毎日のように送られてくる。だから、僕の経験を子育てやサッカーに生かせるような本を書きたいなと、ずっと構想を温めていた。

そうしたなかで、２０２０年に突然、新型コロナウイルスがやってきた。

コロナ後の世界は、大きく社会が変化していくのは間違いない。でも、大丈夫。サッカーというスポーツは、子どもたちに未来を生き抜く力を必ず与えてくれるから。

本書を読み終えたときに、その意味がより鮮明にわかると思う。みなさんの心が少し軽くなったり、明るくなったり、未来が希望あるものに見えてきたりしたら、これ以上の幸せはありません。

CONTENTS

第1章 迷ったら人と違う道を進め！

第2章

まずは親が変われ！

第3章

パッションをもて！

第4章

サッカーの概念を変えろ！

第1章

迷ったら人と違う道を進め！

PASSION

How to raise children who survive the new world

ケン語録
#1

赤信号でも渡れ！

日本人はサッカーに向かない！

日本人はサッカーに向いていない――。冒頭からはっきり言うが、これは事実だ。フィジカルが弱いとか、体が小さいとか、そういう肉体的な話じゃないよ。もっと根源的な話なんだ。

サッカーは8世紀頃にイングランドで生まれた。当時のイングランドでは、戦争に勝利すると相手の将軍の首を切り取って蹴り合い、勝利を祝ったという。そうしたボールのようなものを蹴る遊びが発展したのが、サッカーの原型と言われているんだ。

当初は参加人数も、手の使用制限も、プレーする場所もバラバラだったそうだ。あるのは、決められた場所に、どちらがボールを先に運べるかということだけ。どうすれば勝てるかは、自分たちで考えなければいけなかった。つまり、サッカーは狩猟民族が、彼らのメンタリティにあわせて生み出したスポーツなんだ。

僕は17歳のときにイングランドに渡って、プレミアリーグの下部組織のチームでプレーしたことがある。そこで何よりも驚かされたのが、10代の選手たちがコーチにガンガン自己主張するということだった。

たとえば、「どうしてAにパスを出したの？」とコーチが選手に質問する。すると、子どもたちは「BがオーバーラップするのはＢ見えたけど、僕はBをおとりにしてAに出すのがいいと思ったんだ。コーチ、僕のパスに何か文句あるの？」と聞き返してくる。

日本ならありえないよね。日本の子どもたちはコーチの顔色をうかがって、そのなかで正解を探そうとする。大人の言うことは聞くものだと教わってきているからね。

日本型社会を象徴するのが野球だ。実は、僕は小学3年生までサッカーと野球を掛け持ちしていたんだ。自慢じゃないけど、4番でピッチャーだったんだよ。

あるとき、絶好のチャンスで打順が回ってきた。こっちは打つ気満々だ。でも、バッターボックスに入ってベンチを見ると、監督がバントのサインを出していた。冗談じゃないよ！　と思って、無視して思い切り振ってホームランを打った。自分の判断は正しかったと思っていたけど、次の試合からは呼ばれなくなったんだ。

野球は、基本的にはサインを含めた監督の指示によって動いていくスポーツだから、選手の意思よりも監督の指示が優先されがち。こっちのほうがいいと思っても、監督から言われたら従わなきゃいけない。まさしく、日本の会社組織の縮図だ。

サッカーは違う。ボールをもったら何をするのも自分の責任で決められる。主役は監督じゃなくて、選手なんだよ。

自分の判断と責任で決めろ！

サッカーでは自分で決められるぶん、責任と判断がのしかかってくる。日本人はそういうのが苦手なんだ。

日本人と欧米人の違いをわかりやすくたとえよう。

赤信号になったとき、何も考えずに止まる日本人は多いよね。赤信号だから、そういう決まりだから、と。でも、欧米人は自分の目で確かめて、車が来ていない、危険ではない、と判断したら渡ってしまう人が少なくないんだ。

実は、この話は、2002年のFIFAワールドカップ日韓大会で、当時、日本代表を率いたフランス人監督のフィリップ・トルシエも言っていた。

トルシエは、「組織のために自己を犠牲にする精神は、日本社会の大きな力になっているのは間違いない。ただ、その特性が日本人から自らの責任において判断する力を奪っている」と、『トルシエ革命』（新潮社）という書籍のなかでも語っている。

どうして信号があるのかというと、本来の目的は事故が起こるのを防ぐためだ。なのに、日本人は規則を守ることが目的になってしまうんだ。だから、日本では信号だけを見て、左右前後の安全を怠り、事故になるケースも多い。勘違いしてほしくないんだけど、比喩であって信号を無視しろってことじゃないよ。

信号を待っているときに、目の前にある交番に行って、「赤信号でも渡っていいですか？」って聞いたら「ダメ」って言われるに決まっている。

車が来ていなくても、向かい側に小さい子どもたちが待っていたら決して渡るべきではない。だって、判断ができない小さい子どもが、「あの大人も渡っているから」と勘違いして真似したら危ないからね。

逆に、青信号でも気をつけて渡るべきだ。信号無視の車が突っ込んでくる可能性は、当然ゼロではないのだから。

大事なのは、そういったことを自分の判断と責任で決めることなんだ。まさしく、サッカーで求められることだよね。

たとえば、相手のフォワードにドリブルで抜かれてしまって、ゴールキーパーと1対1になりそうなとき、そこでファウルをしたらダメだからと傍観しているような選手は、次の試合から出られないよね。

自分のせいでピンチを招き、それが致命的ならば、場合によってはファウルになるかもしれないけど、体を投げ出してでも止める。ドリブルか、パスか、シュートか。ピッチの上で何をするべきかを、個人の責任で決定しなければいけない。それがサッカーというスポーツだ。

サッカーのときだけ変わろうと思ったって、そんなのできるわけないよね。普段の生活から変えていくことが必要なんだ。自分の価値観のなかで、いいと思ったことをやればいい。自分の信念を貫く決意が必要なんだよ。

信号の色は目安。日頃から自分の判断と責任で決めることを忘れるな！

ケン語録
#2

失敗をたくさんしろ！

一番ダメなのは無意識の行動だ！

僕はよく、サッカーをしている子どもをもつ母親、サッカーママさんにこんな質問をする。

「小学6年生になるあなたの子どもは、今日の15時からサッカーの試合がある。集合時間は14時。もし、13時半になっても子どもがテレビゲームをしていたら我慢できる？」

お母さんたちはたいてい「我慢できないですね……」って答えるんだ。それで、「早く準備しなさい！」と言っているんだよね。遅刻しそうなわが子を放っておくことなんてできないんだ。

それに、もしスパイクを忘れそうになっていたら、「忘れているわよ」と言ってしまってない？　黙っていられないよね。

だって、遅刻したら、スパイクを忘れたら、監督にものすごく怒られるから。自分の子どもが怒られるとわかっているのに黙っているなんて、なかなかできないよね。

でも、考えてほしいんだ。監督から「お前は遅刻したから、今日は試合に出さないぞ！」とか、「スパイクを忘れたんだからベンチで見てろ！」と怒られたら、子どもは泣いて帰ってくるよね。

そこまでして初めて、次は絶対にやらないぞって思うんじゃないかな。

子どもが成長するために、失敗は絶対に必要なんだよ。間違えたり失敗したりして、その理由を自分が身に染みて感じることで、次につながっていく。その大事なタイミングで親が出ていくと、子どもは成長機会を失ってしまうんだよ。

さらに、注意しないといけないのは、それを親が無意識にやってしまっていることなんだ。こういう話をすると、たしかに「用意しなさい！」とか、「忘れ物はない？」と聞いているうんだけど、そもそも僕が問いかけなければ、その行動を振り返ることもないと思う。

忘れ物をしそうになっている子どもを前に、声をかけるべきかどうか、一度、立ち止まることが大事なんだ。出しかけた手を引っ込めて考える。無意識が一番ダメなことだよ。

でもね、「そうは言っても、手を出してしまいそう……」と思っている人もきっといるよね。親ってそういうものだから。スパイクを忘れていたら、グラウンドまで届けに行っちゃうよね（笑）。

僕は、サッカーママさんからこういう質問も受けたことがある。

「自分が運転する車に複数人が乗り合わせて試合会場に向かっている途中、一人の子どもがユニフォームを忘れたことに気づいたんです。取りに帰るべきでしょうか？」

もちろん、時間に余裕があるなら取りに帰ってあげてもいいと思うよ。だけど、もしギリギリだったら、取りに帰る必要はない。ほかにも子どもが乗っているわけだし、その子たちが遅刻するくらいなら、忘れ物をした子ども一人にペナルティーが与えられるべきだよ。

その子が成長するためにも、その子自身が深く反省することが大事だと思うんだ。

子どもの失敗をカバーするな！

みんなも学生時代の先生や、社会人になってからの上司に、すごく怒られた経験はないかな？　ときには自暴自棄になってしまうものだけど、そこで自己反省して、もう一度、前を向いて頑張ろうという気持ちになっていく。それは、子どもだって同じだよ。

彼らにも、自分の失敗と向き合う時間が必要なんだ。だから、子どもの失敗を親がカバーしてはいけない。むしろ、子どもが怒られることをありがたいと思うべきなんだ。

僕が小さい頃は、近所にカミナリおやじがたくさんいたものだけど、今はそういう時代じゃなくなってしまった。だから怒ってくれる存在は大事だし、子どもの失敗を見守ってあげられるといいよね。

失敗を見守ることの大切さ。

それは市川ガナーズの子どもたちとの海外遠征でも痛感したよ。40人の子どもを連れてロンドンに行ったときだけど、「命の危険がないかぎり、準備しすぎないようにしよう」と心に誓った。案の定、ハプニングの連続だったけどね（笑）。

地下鉄や路線バスの移動も、昼食の集合時間も、自分たちで決めて行動させた。すると、空港に荷物を忘れる子もいたし、航空券をなくす子も出てきた。

試合でももちろん、自分たちで考えて行動することを促して、かなり厳しい環境に追い込んだよ。そうしたら、子どもたちは、ものすごく成長した姿を見せたんだ。最終日には、一人ひとりにパスポートを持たせることもできた。困難に直面して、彼らなりに乗り越えていったんだね。

言葉も文化も異なる海外に行くと、日本人が日々、どれほど堕落しているか、どれだけ至れり尽くせりの生活をしているかを思い知るよね。すぐ手に入るから準備しなくなるし、子どもたちも、準備してもらうことが当たり前になる。

だから、何でもかんでも先回りはいけないんだ。一見すると、忘れ物をしない子へと成長しているようでいて、実は大人が成長のタイミングを奪っているんだ。

そのことに気がつけないといけないよ。我慢して、見守る勇気が大事。子どもの失敗をカバーするな！

ケン語録
#3

おかしいことは
おかしいと言え！

インターハイや選手権なんていらない！

ちょうどこの原稿を書いているときに、夏の全国高等学校総合体育大会（インターハイ）と全国高等学校野球選手権大会（甲子園）が新型コロナウイルスの影響で中止になるというニュースが流れてきたよ。

サッカーも野球も、大きな大会がなくなってしまうことで、高校でスポーツをしている子どもをもつ親にとってもショックだと思う。でも、もしかしたら、これは明るい未来の始まりかもしれない。

１０５年前に始まった甲子園がトーナメント制の仕組みを築いたんだ。引き分けがなく、勝つか負けるかという〝一発勝負〟の戦いが、その後のすべての日本スポーツのレギュレーションに影響してきたことは、みんなもわかると思う。

サッカーも、冬の高校選手権が選手の最大の目的になっているよね。勝てば天国、負けたら地獄みたいな戦いは、もちろん、選手にとってかけがえのない経験となる面もあると思う。でも僕は、それが本当に選手のためになっているのかは疑問に思ってしまうんだ。

考えてほしいのは、ゲームそのものではなく、誰のためのものかということ。育成年代のスポーツの主役は、あくまで選手でなければいけない。でも現実は、選手の手を離れて、視聴者を意識したテレビ局や大会関係者のものになっているよね。

ヨーロッパや南米の育成年代においては、日本のような全国大会はないんだ。あまりにも強いスポットライトを浴びることで、選手が天狗になるのが良くないという理由でやっていないんだよ。選手を保護する考えがあるんだ。

全国約4000校のうち、全国大会に出場できるのは48校。たった1％！　しかも、試合に登録さえしてもらえず、スタンドから応援する選手もいるよね。

そういう現実を知っているから、僕はもう何十年も、育成年代のサッカーはすべてリーグ戦にするべきだって話してきた。これは僕の考えではなくて、世界のサッカーの中心にいるような国では当たり前のことなんだ。

わが子の応援に行ったのに、まったく試合に出してもらえなくて、それでもチームが優勝したから、ほかの親と喜びを分かち合う〝ふり〟をする親は少なくないよね。

心のなかでは忸怩《じくじ》たる思いを味わっている。

僕は子どもや親に、もうそんな思いをしてほしくない。サッカー選手は試合をする権利があるし、何より試合ができなければつまらなくなってやめちゃうよね。それは当たり前のことだよ。

おかしいことをおかしいと言えなかったら、こんなに悲しいことはないよね。スポーツは誰のものなのか？　僕は発信し続けるし、仕組みを変えるために動き続けるよ。

子どもは大人の道具じゃない！

プレーヤーズ・ファースト（選手第一）って言葉がある。数年前に東京都知事が「都民ファースト」を使い始めてから、世の中にも「〇〇ファースト」が増えたけど、日本サッカー協会は、それよりも前から、「選手第一」ということを発信していた。

これは、ピッチの中ではプレーヤーが第一であって、もっとも尊重されるべき存在だということなんだ。コーチも、レフリーも、保護者も、みんなが選手のことを考えてあげないといけないよね。

2017年から1年間、市川ガナーズに元スペイン代表のゴールキーパー、リカルド・ロペスをテクニカル・ディレクターとして招いた。

毎日たくさんの話をするなかで、彼は日本の〝おかしいこと〟をいくつも指摘していたんだ。

高校サッカー選手権のスタンドの一角を埋め尽くす選手を見て、「あれは応援団なのか？　どうして選手がスタンドにいるんだ？　日本はなぜ、チームごとに人数制限をしないんだ？　ヨーロッパのクラブでは、1チームはだいたい20人しか入れないぞ」と話していた。

僕からすれば、リカルドの話は1ミリも間違っていない正しい意見だと思う。

でも、現実はそうじゃない。今のような選手全員の成長を考えられていない仕組みのまま、部活に入れる選手を急に制限したら、日本は〝強豪〟と言われる高校から順番に弱くなってしまうかもしれないよね。

試合に出られないまま高校3年間を過ごす選手を出さないためには、さっき伝えたように仕組みを変えることと、スポーツを学校教育に組み込まずに、クラブで行うものにしていかなくちゃダメなんだ。

リカルドは、日本のドリブル塾や朝練、自主練にも疑問を抱いていたね。「もしそれが本当に効果のあるものなら、ヨーロッパでもやっているだろう。でも、そんなの見たことないぞ」とね。

僕もまったく同じ考えだよ。サッカーは、認知、判断、実行の繰り返しのスポーツだから、今、何をするべきかは、選手たちが自分自身で一瞬のうちに判断して実行に移さなければいけない。

たとえば、ドリブルという実行の部分だけがうまくなっても、その前に正しい判断ができなかったら意味がないんだ。みんなドリブルばかり始めちゃうからね。

あらゆるものが、大人の根拠のない価値基準や決めつけのなかで進んでしまっている。スポーツは誰のためのもの？　サッカーは誰がやっているの？

つまり、選手を第一に考えないといけないし、そもそも、おかしいことはおかしいと言えなきゃいけない。子どもは大人の道具じゃない！

ケン語録
#4

やめたいなら やめちゃえ！

サッカーは言われてやるものじゃない！

あなたは、もしくはあなたの子どもは、何のためにサッカーをやっている？

「何のために」なんて言うのも、そもそも良くないかもしれない。

練習しなさい、うまくなりなさいと言われてやるものでは、決してないということは、わかってくれるかな。

サッカーはもともと遊びだから、自由で楽しいものでなくちゃいけないんだ。

誰かに強制されていたら、心の底から楽しめないよね。戦後、日本は学校教育にスポーツを持ち込んで「体育」としたために、日本人には〝やらされるもの〟という印象がついてしまったよね。

遊びだから、楽しいもの。だから、やめたかったらいつでもやめていいんだよ。自分で決めていいんだ。もちろん、休みたかったら休んだっていい。

社会人の長時間労働が美徳のように語られてきた日本では、長時間練習は当たり前で、先輩と後輩の上下関係、球拾い、朝練や自主練、夏休みもまるで修行のように練習、学校はやめられないから移籍もできない……。卒業するときにはもううんざりして、そのスポーツを〝引退〟しちゃうんだ。

僕はもう50年以上も年間50試合出場を続けているけど、それはなぜかと言うと、楽しいからなんだよ。

楽しくなければやめたらいいし、またやりたくなったらやればいい。僕はずっと楽しいから、やめないけどね。

だってサッカーは、初めて会う人でも一緒にボールを蹴ったら、まるで十年来の友人のような気持ちになれるんだから。

学校でも家庭でもないコミュニティで多くの仲間と出会えることは、スポーツの大きな価値なんだ。

国内、国外のいろんなところに遠征に行くけど、それが本当に楽しいんだよね。バスをチャーターして出かけて、試合をして、みんなでご飯を食べる。僕より20歳以上も年下もいるけど、そんなことは関係なくて、心から楽しいと思える。

サッカーは楽しいし、自由なもの。みんなに好きになってもらいたいけど、無理をしてやるものじゃないよ。

好きならとことんやり抜け！

やめたいならやめちゃえと言ったけど、こうも思っているんだ。

好きだったらとことんやってほしいって。

さっきの僕の話がまさにそうだけど、人生が彩り豊かになると思うし、自分が想像もしていないような素晴らしい未来が待っているかもしれないからね。

以前、僕のユーチューブチャンネル（幸野健一サッカー育成改革チャンネル「迷ったら人と違う道を行け！」）で対談したことがある伊藤壇さんが、素晴らしいことを教えてくれたよ。

彼は43歳までプロサッカー選手を続けて、2019年にトップカテゴリーからは引退したけど、それまで世界22カ国でプレーしてきたんだ。

彼は、1998年にブランメル仙台（今のベガルタ仙台）でプロ選手になって、2年で戦力外通告を受けてしまった。そのあと、シンガポールに渡ったときはまだ、自分がいくつもの国でプレーすることになるとは考えていなかった。

10万円を握り締めて、お金が尽きたらサッカー選手をやめると決めていたんだけど、ずっと戦ってきた。異国の地でボールを蹴ることができる場所に出向き、そこに集まる人たちと交流して、情報を手にし、道場破りみたいにあちこちのクラブの門をたたいたんだって。

今みたいにインターネットが普及しているわけではないし、SNSもないから、人と人とのダイレクトなやり取りしか手段がないわけだよね。

体一つで海を渡り、いろんな国でサッカーを全力で楽しんで、たくさんの友人ができて、言葉も操れるようになった。まだ申請段階らしいけど、22カ国でプレーしたプロサッカー選手はギネス記録らしいよ。

彼は「(スター選手のような)真っ当な道ではなかなか難しいけど、それでも日本のサッカーの歴史に名前を刻みたかった」と話していた。

そういうギネス級の素晴らしい功績と同時に、彼にとっては、人生でかけがえのないものを手にしたと思うんだ。ヨーロッパとか華やかな舞台でプレーできなくても、輝けるってことなんだよね。

ほかにも、そういう選手はたくさんいる。高校を卒業してJFLのクラブに進み、アマチュアの環境に苦労して、やめたいと思ったけど歯を食いしばってJ3、J2と昇格し、その活躍が認められてJ1のクラブからオファーをもらった選手とかね。僕が言いたいのはそういうことなんだ。

あきらめないでやり続けた者にだけ、神様は微笑むってこと。やめてしまえばそこで終わりだけど、続けていたらチャンスはやってくるよ。

決めるのは親ではなく子どもだから押しつけてはいけないけど、あきらめない子がいたら、絶対に見届けてあげてほしい。

やめてもいいよ。でも、好きならとことんやり抜け！

ケン語録
#5

子どものプロセスを見逃すな！

ボールに触れるのはたったの2分！

サッカーは1試合90分あるけど、その時間内で1人の選手がボールを蹴ったり、ドリブルをしたりする時間は平均何分くらいだと思う？

実は、たったの2分しかないんだ。メッシやロナウドでも3分はない。ということは、ボールを持っていない残りの88分は何をしているんだろう？　決して何も考えないでピッチをフラフラしているわけじゃないんだよね（笑）。

たとえば僕だったら……自分のチームが攻撃をしているときは、ドリブルを始めたチームメートからパスをもらうために近くまでサポートに行ったり、相手選手をおびき出すために自分がおとりになって斜めに走って行ったり、いくつかの選択肢を瞬時に頭に思い浮かべて、次の瞬間にはそのうちのどれかを選んで走り出している。

でも、ドリブルをしていた味方がボールを奪われることもある。そうしたら、急いで元のポジションに戻って相手の攻撃を食い止める。そうやって、ボールがないところでもちゃんと考えて動いているんだ。

ただし、僕の一連の動きに対して、チームの誰かが褒めてくれるとはかぎらない。なぜなら、全員がそうやって、チームのために献身的なプレーをして、自分の判断で動き回ることを当たり前のように繰り返しているからね。特別なことじゃないんだ。

そう考えると、サッカーは「究極の裏方仕事探しゲーム」だと思う。しっかりと周りの状況を観察し、自分がやるべき仕事を見つけて、躊躇なく実行するんだ。誰も見ていなくても、誰も褒めてくれなくても、試合の98%の時間は報われない仕事を続けるんだよ。

どうしてかって？　誰だってチームが勝って、喜びを分かち合いたいからね。みんながそういう強い欲求をもっているものだよね。

だから僕たちは、試合が始まったら頭をフル回転させて、無意識のうちに自分の仕事を探し求めてピッチを駆け回るんだよ。大人も子どもも考えることは同じだよ。そう考えると、サッカーを一生懸命に頑張っている自分の子どものことが、今よりもっと愛おしく見えてくるでしょ（笑）。

その意識は、サッカーから離れても同じだよ。

そうやってサッカーで育った子どもは、自分で考えて、誰かのために行動できるようになる。働いているお母さんの帰宅が遅ければ、家に帰ってくる前に干してある洗濯物を取り込んでたたんだり、家事を率先してこなしたりできるはずなんだ。常に周りを観察して、自分がやるべきことを考えているわけだからね。

だから大人は、そういう子どもたちの「見えない働き」を見逃してはいけない。ゴールを決めるのは素晴らしいことだし、ボールを持っている2分間で結果を出すことも大事だけど、もっと重要な時間があるんだ。

結果なんてどうでもいい！

日本人は自分を過小評価していると思うんだ。

たとえば、サイドの選手がドリブルをしていて、相手が寄せてきたら多くの選手はカットインかバックパスを選んでしまう。ボールを奪われたくないから安パイなプレーをする。

でも、海外の子どもは強引に縦に突破する。

日本だと、失敗したらコーチに怒られるから、二度と突破できなくなる。そうすると相手も怖いと思わないよね。本当はそこで「取られてもいいからもう1回！　繰り返しやるんだ!!」と励ましてあげなくてはダメだよ。

大事なのはきちんとプロセスを見て、チャレンジを褒めてあげること。

それはサッカーでも家庭でも同じだよね。

今は結果につながらなくたって、正しい努力を続けていたら、きっとその先に勝利がある。目の前の結果に一喜一憂しないことはすごく大切な考え方だね。


日本の育成年代はトーナメント至上主義で、リーグ戦がいまだに軽視されているから、結果がすべてのように勘違いをしてしまう。

サッカーはチームスポーツだから、優勝しても自分の子どもが成長したとはかぎらないよね。

トレセンに選ばれたことを周囲に自慢する親もいるけど、結果がともなえば、それがすべて正しいことなのかな？

僕はそうは思わない。結果が出ていなくても、毎日の努力を褒めてあげたらいいと思っている。「続けていけば、いつか結果が出るよ」と励ましてあげる。

高校サッカーを終えて、プロになれなくて競技をやめてしまう子もいるし、大学受験に失敗して人生を否定されたように感じる子もいる。

いやいや、むしろそこからがスタートだよね。

僕は、中学時代に受験のための勉強はやらなかった。もちろん塾にも行っていない。受験のためにサッカーをしてきたわけじゃないし、サッカーを続けたかったからね。

学校の授業に最高に集中して、その時間で完璧に理解できるように頑張ったよ。

人生の目標はどこにあるだろう。試合に勝つこと？　大会で優勝すること？　いいチームでプレーすること？　プロ選手になること？

きっと目先の結果じゃないところにゴールはあるよ！

ケン語録
#6

常識を疑え！

世の中のたいていのことは正解がない！

僕は、世の中に「正解」はないと思っている。変化が激しい現代で「常識」とされていることが、あっという間に古くなって、少し前はみんながやっていたものでも、今は誰も見向きもしないものがたくさんあるよね。

はたして「絶対にこれだ！」と言えるものはあるのかな。

そういう不確実な新しい時代を生きる子どもたちに求められているのが、「自分で考えて決断できる力」だと思うんだ。その力は、思考や判断、表現が必要だけど、この「ライフスキル」は、サッカーをはじめとするスポーツを通して身について、伸ばして、強化できるものなんだ。

その話はあとでもするから、ここでは正解がない世の中を生きるためにライフスキルをどうやって活用するのかを伝えたいと思う。

それは「常識を疑う」ということだ。言い換えると、「疑問をもつ」ってことだ。当たり前のように過ぎていく日常に何の疑問も抱かないまま思考停止になっていたら、考えられない人になってしまうよ。本書のテーマの一つでもある「世の中の固定観念を変える」ということにもつながるね。

市川ガナーズに来てくれた、前述のリカルドとのエピソードを例に出そう。

彼は、日本の「6・3・3制」という教育システムの区切りが、サッカーをする子どもたちにも適用されていることに疑問をもっていたんだ。

リカルドとは毎日のように一緒に食事をしてきたけど、「クラブユースの会議」を理由に立て続けに断ったことがあった。そうしたら彼は、「昨日も会議をやっていただろ?」って。昨日はU−15で、今日はU−18の会議だと説明すると、すごく困惑していた。スペインではU−9からU−18までは同じくくりで話し合いをするものだから。日本だと、小学校6年間、中学校3年間、高校3年間という流れが常識だけど、世界では決してその制度が当たり前ではないんだ。

リカルドは「日本は18歳までに3回もチームが変わるのか? それじゃあ一環した指導なんて受けられないじゃないか!」と指摘していたけど、日本では〝移籍〟することが常識になっている。リカルドからすれば理解できないことだらけだし、僕も彼の指摘にはすごく賛同したよ。

この話題の重要なところは、みんなが日本の現状、常識を当たり前だと思っていることなんだ。おかしいことを変える力も大事だけど、まずは思考停止にならないことが大切だね。

子どもに整った環境は必要ない！

世の中で常識とされていることは、決してそれが正解とはかぎらない。日本人にとっては当たり前でも、世界のスタンダードとは違うこともたくさんある。

そういう意識をもたずに生活していると、人は自分では気がつかないうちに物事を決めつけて、固定観念に縛られてしまう。でも、「絶対にこうしなきゃいけない」という正解がないのと同じで、「みんながやっているから」正しいということは一つもないんだよ。

僕は、子どもとの向き合い方を間違えている親御さんに言いたいことがある。

忙しく仕事をしていて、子どもとの時間を取れていない親の話を紹介するね。

小学3年生で、クラブに来るときに、いつも最新のゲームを持ってくる子どもがいた。その子は新しいソフトが出ると必ず持ってくるから、周りに子どもが集まり、見せびらかすようにして遊んでいた。誕生日でもないのに、どうしてそんなに新しいものを買ってもらえるんだろう。僕がその子に理由を聞くと、「ちょっと悲しい顔をしたら、買ってくれるんだよ」と答えたんだ。

その子の親は共働きだけど、ある日、母親に「もしかして、子どもに引け目を感じています?」と問いかけた。すると「ご飯が遅くなったり、迷惑をかけたりするから、ねだられるとついつい買ってしまうんです」という返答だった。

でも、それっておかしいことなんだ。僕はその母親にこう伝えたよ。

「それはむしろ感謝されるべきことだよ。お母さんは、自分のためではなく、家族のために働いているんだよね。子どもに対して悪いと思う必要はない。それに、物で解決するのもよくない。親が子どもにコントロールされてしまうからね」

親が一生懸命に働いているんだから、子どもは親に感謝しないといけないんだ。だから、時間をつくれるときに信念をもって接したらいいんだよ。

「子どもに整った環境を用意してあげられないのは悪いこと」

それは、決して常識ではない。むしろ僕は、いいことだとさえ思っている。

不自由な環境で育った子どもは強い

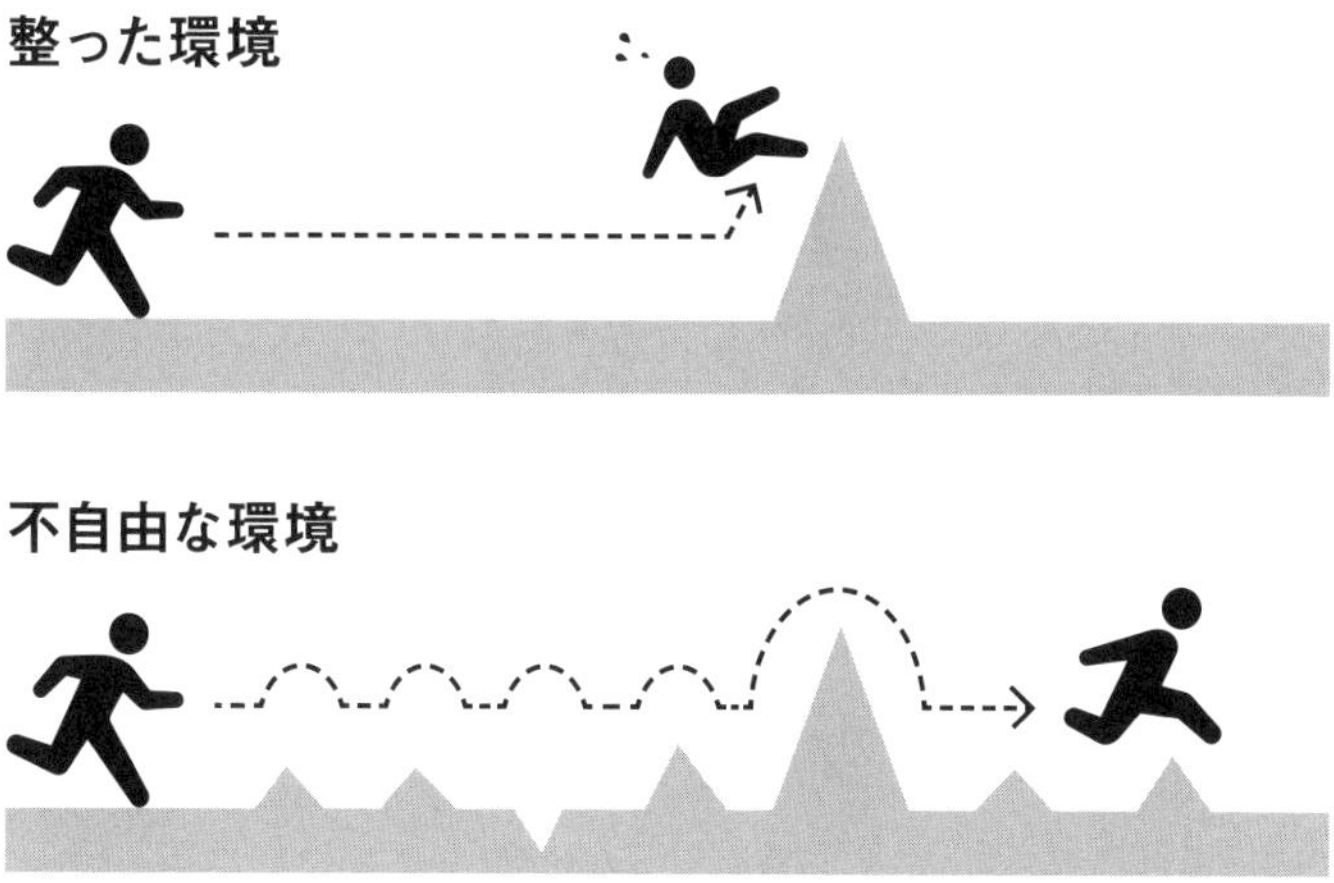

実は、整った環境で育っていない子どものほうが、プロ選手や日本代表になっているケースが多い。だいたい5人に1人くらいはひとり親だったりするんだ。

大変な思いをしながら自分にサッカーをやらせてくれることに感謝して、「サッカーで成功して、早く親を楽にさせてあげたい」と思うのだろうね。

子どもにとって不自由に思えるような環境は、決してハンデじゃない。むしろ子どもの自立という観点では、それくらいがちょうどいいと思っている。

だから、世の中の固定観念、先入観、常識で悩んでいるすべての親に、心からエールを送るよ！

ケン語録
#7

人間として自立しろ！

イングランドの子どもたちに学べ！

市川ガナーズは2014年に、「アーセナルサッカースクール市川」として始まった。2017年にイングランドのアーセナルの子どもたちと、うちの選手たちが交流したときは、あらためて大事なことを感じたよ。アーセナルの子どもたちの振る舞いが本当に素晴らしかったんだ。

彼らは日本の大会に出場するために来日したんだけど、本物のアーセナルの力を見て知ってもらいたいと思って、市川にも来てもらった。

「本物の力」と言ったけど、僕は日本の子どもたちと彼らの技術レベルは変わらないと思っている。でも、立ち振る舞いやトレーニングに取り組む姿勢はまったく違うものだと感じているよ。

彼らは、うちのクラブハウスに着いて着替えたら、自分たちだけでミーティングをしていた。

翌日から始まる大会の調整が一番の目的だけど、日本の選手とも交流して親睦を深めようと話し合っていたんだ。

指導者に言われるまでもなく、自分たちに求められることを理解して、大人としての振る舞いをしていたんだよ。サッカーはイングランドで生まれたけど、彼らのメンタリティに合わせて形作られたものだからかもしれないね。

個人主義だけど、組織の大切さを理解しながら行動できる。サッカーに置き換えると、組織力が大事な中盤ではしっかりとパスをつなぎ、相手のゴール前ではリスクを冒してチャレンジし、相手を抜いてシュートを打つ。そういうことが、彼らには染みついているんだね。

サッカーの本質は、ピッチ上で自立すること。ボールを持っていない時間でも、自分の役割を探してピッチを駆け回るわけだから、常に周囲を見渡し、状況を理解して、すぐに行動しないといけない。

サッカーにおいてそれを求められている以上、僕たちもそこからは逃れられないよね。タクシーに乗ろうとすれば自動でドアが開き、駅に行けば親切すぎるくらいにアナウンスが流れ、喉がかわけばどこでも飲み物を自動販売機で買える。至れり尽くせりが当たり前の日本では、子どもがやらなくても、周りの大人がすべてを用意してしまうんだ。

そういう環境に慣れた子どもに対して、ピッチでは自分で考えてプレーしろと言ってもできるはずがないよね。

だから僕も、保護者のみなさんと協力しながら、どうやったらピッチの上で自立した選手を育てていけるかを、いつも考えながら取り組んでいるんだよ。

迷ったら人と違う道を進め！

僕がすごく大事にしている信念が一つある。それは本章のタイトルにもなっている「迷ったら人と違う道を進め！」ということ。

これは亡くなった父親に言われた言葉なんだ。

二十歳くらいで進路に迷っていたときに父親から言われたこの言葉が、自分にとって人生の指針になるようなものだと感じていたんだ。

そのときの迷いというのは、「このままサッカーを続けていくのか」「父親が経営する広告代理店を継ぐのか」の二択。

当時はJリーグもない時代だから、プロになるためには海外に行くしかない。迷った末に僕は、父親の会社を継ぐことを決めた。

えっ、人と違う道を行ってないじゃないかって？

そうだね、このときは。でも、やっぱり人と違う道を歩んでいきたいと思っていた。

その会社でも、ビジネスとしてサッカーに深く関わっていき、2002年のワールドカップ招致委員会の案件では、青森県に〝サッカーの神様〟ペレを招いたこともあった。

そのあとも、長年サッカー事業に携わっていくと、さまざまな課題が見えてきたんだ。

トップカテゴリーだけではない競技人口の少なさや、サッカーができるグラウンドの少なさ、試合に出られない子どもたちがたくさんいること……。

ハード面もソフト面も大きな問題がたくさん見えてきたから、少しでも課題解決をしていきたいと思って、サッカー以外の仕事から身を引き、サッカーコンサルタントという仕事をつくった。

それまで以上にサッカー尽くしの生き方を選んだんだ。それが2013年の夏のことだった。

その肩書は聞いたことがないようなものだから、やっぱり人と違う道だと思う。当時の自分は51歳だったけど、父親が亡くなった68歳という年齢をすごく意識するようになった。「68歳までに何ができるか？」「何をしたいのか？」を自分に問いかけたんだ。

そこで、誰かがやれることは人に任せようと思った。自分にしかできないことを、自分なりの方法で解決していこうってね。

最初はメディア活動が中心だったけど、運よく市川のこの土地に出合えて、そして今、自分にしかできないと信じる仕事ができている。

もちろんサッカーに関わりながら。だから僕は、みんなにも胸を張って伝えたい。迷ったら人と違う道を進め！

第2章

まずは親が変われ!

PASSION

How to raise children who survive the new world

ケン語録
#8

バカな大人を演じろ!

気づいていないふりをしろ！

「うちの子は全然、自立できなくて……」という相談をしてくる親御さんがいるけれど、そういうときに僕は「子どもに失敗させている？」って聞くんだ。

第1章でも、「失敗をたくさんさせろ！」と言ったように、子どもが失敗から学んで成長するためには、何より「大人がバカなふりをすること」が大事だと思っている。

大人と子どもで何が一番違うかというと、それは経験だよね。

大人は「こうすればこうなる」ってことがわかるから、子どもが失敗しそうになったら、どうしても手を出したくなってしまう。

でも、子どもにチャレンジさせるためには口を出すべきではないし、ものわかりが悪い大人のほうが子どもは自分で考えるようになっていくよ。

僕が5歳の子どもを対象にしたスクールのコーチに入ったときに、一人の子どもが駆け寄ってきて「血！」って言うんだ。転んで足をすりむいてしまったんだね。もちろん、すぐにそのことがわかったけど、僕は「血が何？」と聞き返した。「血が出た！」「だから何？」ってね。

誰に何をどうしてほしいのかを言ってくれないとわからないと伝えたら、その子は「血が出たから拭いて！」と、ようやく言えたんだ。

これは一つの例だけど、同じような話はいくらでもある。

みんなも、子どもから「お茶！」と言われるか、むしろ言われる前にもうお茶を出してあげたりしてないかな？

何でも先回りして整えてあげると、いつまで経っても子ども自身で気がつけない。むしろ、そうやって先回りしていることにさえ、親は言われるまで気づかないものなんだ。

子どものうちから、大人に何でも教えてもらって、準備をしてもらって、良いものを買い与えてもらっていたら、気がつけないことがあるはずだよ。

大人が得意げに「これはこういうことだよ」と教えてしまうのは簡単だけど、そこでグッと我慢して、「ちょっとわからないんだけど、あなたはどう思う？」って、自分自身で考えさせられたら良いよね。

子どもは手がかかるほうが良い！

手のかからない子どもに対して、「大人っぽいね」と声をかけることはないかな？　でも、そこでいう「大人っぽい」って何だろう。それはいいことなのかな。たとえば、すごくものわかりが良くて、大人の言うことを何でも聞く子が必ずしも大人っぽいとは言えないよね。

実は、サッカーでも手のかかる子どものほうがプロ選手になっていくケースが多いんだ。イエスマンは自分の意思がないけど、反発する子は、自分をもっているということだからね。

イングランドには、そもそも「子ども扱い」という概念がないんだ。子どもに対しても、一人の人格をもった人間として接するからね。権利と義務は子どもにもある。そういう育て方は、良し悪しというよりも、その国の文化に根差したものだと思う。

大人からすれば、自分の思い通りに子どもが行動してくれたらすごく楽だよね。

それはすごくわかる。忙しいときに駄々をこねたり、ずっと遊んでいたりすると、イライラしてしまうよね。

でも、それは大人の都合でしかない。大人の時間と子どもの時間、大人の考えと子どもの考えは必ずしも一致しないし、子どもには子どもの意思がちゃんとあるんだ。

そこで、僕が大事にしたのが「子ども自身に決めさせること」だね。プロサッカー選手になった息子の志有人には、小さい頃からああしろこうしろと言うことはなく、常に選択肢を示して、その年齢に応じた責任と義務を課してきた。

最終的に、「自分で決めた」と感じさせることが大事なんだ。それで覚悟ができるからね。

中途半端にしないで、最後までやり切らないといけない。親に言われたからではなく、自分で決めたわけだからね。

もちろん、クラブチームを決めるときには、子どもだけでは決められないから、一緒に調べたり、実際の場所に連れて行ったり、選択肢を用意する手助けをすることが親の役割。そして、最後は子どもの意思で決めるんだ。

子どもからしたら自分で決めたと思っているけど、親がきちんとコントロールしてあげること。できることなら、進学先の候補のクラブや、学校、周辺のものなどは、現地まで一緒に行けたら良いよね。


今は、情報をすぐに取ることができるけど、二次元の情報だけではわからないこともたくさんある。写真ではすごく整備された場所に見えても、実際はほんの一部だけがきれいに写されているだけだったり、指導者が不足していたり、自分の目で見て確かめなければわからないことがたくさんあるはずだからね。

調べてわかる情報とあわせ、できるだけ多角的に見せることで、現実との齟齬をなくすことが大事なんだ。

決定はあくまでも子ども。彼らの意思を尊重して、自分で決めたと思わせるんだ！

ケン語録
#9

親は子どもの目線に立て！

自分がされてうれしいことを子どもにもやれ！

みんな、もちろん僕の顔は知っているよね。直接、会ったことがない人もいると思うけど、ＳＮＳで毎日のようにやりとりしている人もたくさんいるし、それに何より、本書の表紙に載っているからね（笑）。

でもね、僕はＳＮＳでつながっている人でも、顔をよく知らない人がいるんだよ。どうしてかって？　プロフィールに顔写真を使っていないから。疑問を抱かないかもしれないけど、これは日本人だけなんだ。

たとえば海外では、男性も女性も、フェイスブックに自分の顔をのせていない人はほとんどいないよ。

でも、日本人はそうじゃない。自分を見せるのが恥ずかしいと考えてしまうのかもしれないね。

世界における日本は、自己肯定感がかなり低い国の一つとされているんだよ。

それはなぜだろう？

おそらく、子どもの頃から「お前が一番だよ」「素敵だよ」と言われてきていないから。ありのままの自分を愛して認められないと、ほかの人を愛することもできない。

だから僕は、自分を好きになるためにも、子どもを褒めて育てるべきだと思っている。僕自身、子どもと向き合いながらずっと考えてきたことだけど、褒め方にもコツがあるんだ。

息子の志有人は、小さい頃からブロックのおもちゃで遊ぶのが大好きだった。一生懸命に何かをつくって、僕のところに持ってきた。

そのとき、「仕事で忙しいからあとでね」と言いそうになったけど、それはダメだと思ってこう伝えていた。「すごいじゃん！　こんなすごい乗り物をつくれるやつはいないよ。きっと機関車だってつくれるよ!!」って。

そうしたらまた1時間後に、もっとすごいものをつくって持ってきてくれたんだよ。

とてもうれしかったし、その瞬間に子どもはすごく成長したと思う。

親に共感してもらうことがすごく大切なんだよね。子どもの目線に立って、一緒になって喜んであげたら、子どもはどんどんやる気になるんだ。

でも、それはあなたも同じだよね。褒められてうれしくない人はいないからね。

今こそ子どもと本気で語り合え！

子どものやる気を感じられなくて、「どうしたらやる気をもってサッカーに取り組んでくれますか？」「どういう声をかけたら良いですか？」と聞かれることがあるけど、大切なのは共感することだよね。

志有人のブロックの話もそうだけど、子どもに共感することで、「もう1回やってくる！」と夢中になって次に向かっていくんだ。

それはサッカーでも同じこと。右足しか使えなかった子が左足でパスを出したり、シュートをしたりしたときに、「左足でも蹴れたね！　もっと練習したらメッシみたいになれるよ!!」と褒めてあげたら、すごく喜んで、また一生懸命に練習すると思うんだ。

だから、そういう子どもの行動をちゃんと見ることが大事だよね。左足で練習していることを知らなければ、声をかけてあげられないからね。

そのパスやシュートが外れてもかまわない。左足で蹴れたことと、そこに向かってチャレンジしたこと、そのプロセスを見逃さないことが、子どものやる気につながると思うんだ。


昨今は、新型コロナウイルスの感染拡大の影響もあって、ものすごく特殊な状況にある。

だから親御さんも、サッカーができない子どもにどんな声をかけたらいいのか迷っている状況もあると思う。そこに対して、僕は「これが正解！」という答えはもっていないんだ。

でもね、考えてほしい。

10年後に振り返ったときに、こんなに子どもと一緒にいられる時間なんてなかったと気がつくはずだよ。

自粛がなくても、子どもと過ごす時間の大切さは同じだね。子どもはあっという間に大きくなるし、すぐに巣立っていってしまう。

だから今こそ、普段はなかなかできないような、じっくりと深い話を、本音でしてみるのもいいと思う。

僕自身がそうだからね。27歳になった志有人とは、毎朝一緒にジョギングをしながら話し込んでいるけど、こんなに話したことはなかった。

自分の子どものことなのに、何も知らなかったことに今さらながら気がついたんだ。

今こそ、自分の子どもと本気で語り合おう！

ケン語録
#10

子どもを海外に放り出せ！

子どものことを心配するな！

親はいつも、子どものことを案じているよね。でも、それが「心配」と「信頼」では大きな違いだと思う。

「うちの子がちゃんとできるか心配で……」「将来が心配で……」という言葉をよく聞くけど、子どもに対してすべきは、心配ではなく信頼なんだ。

心配の反対は、放置ではなく、愛情をもって見守ること、任せること。信頼されていると思えば、子どもは自信をもってチャレンジできるはずだよ。

子どもは、親に心配されているのか、信頼されているのかを感じ取るものだからね。親はついつい子どもを心配してしまうけど、子どものやる気を奪うのが「心配」で、やる気を与えるのが「信頼」であるはずだね。

たとえば、ゴールキーパーをしている子どもが、試合にフル出場して3対1で勝利した。そんなときに、あなただったらどんな言葉をかけるかな？

「どうして1点を取られたの？」

もし、そんなネガティブな言葉をかけようとしていたら立ち止まってほしい。

指導者や親は、どうしてもミスに目がいきがちだけど、ポジティブな側面を褒めてあげることが信頼なんだ。

「あの場面はよく止められたね！」「失点したけど、すごく良いチャレンジをしていたね！」と声がけできたら、子どもはまた次もチャレンジできるはずだよ。

もちろん、子どもの年齢や性格によって距離感は違う。

第1章で「早くしたくしなさい！」と言ってはいけないという話をしたけど、小学1年生の子どもにすべて判断させることはできないよね。

「今日は何かなかった？」とか、「試合だったよね？」「今日は何時からなの？」「今は何時かな？」とか、子ども自身が気づけるように接することも大事だね。矢継ぎ早に問いかけて急かすことは、子どもにとっては苦痛でしかないからね。

心配と放置、信頼と適度な見守り方は、実は簡単じゃない。だからこそ、親も考え続けないといけないね。

早いうちに日本の非常識を体感しろ！

僕は17歳のときに海を渡り、イングランドでサッカーをプレーして、カルチャーショックを受けた。自分がどれだけ狭い世界で生きていたかを痛感したよ。外から日本を見ることがとても大切だと思ったね。

外に出ることで初めて日本の常識を知ることができて、それと同時に、その常識を疑うことができた。

日本人は自分で「おもてなし」の国だと言うけれど、僕からすれば、日本はその気持ちが浅いと思う。これまで世界43カ国を見てきて感じるのは、もっと心の深いところで人と人がつながれるということだ。それは、実際に体験しないと感じ取れないものだと思うよ。

だから僕は、子どもにはできるだけ早く海外に挑戦してほしいと思っている。

今は、国際サッカー連盟の規定で、18歳未満の選手が海外で公式戦に登録することができなくなったので、これまでのように国際間の移籍は自由にできない。出場できるのは練習試合までで、公式戦の緊張感のなかで成長できない現状では、小学生くらいからずっと海外でプレーすることは現実的ではないんだ。

でも、短期間でもいいから、小さい頃に行ける環境があるなら、チャレンジさせてあげてほしい。行き先はどこでもいいよ。だって、世界中にサッカーはあるからね。

今、国際連合に加盟する国は193カ国だけど、国際サッカー連盟に加盟する国と地域は211もある。つまり、世界の隅々までサッカーが浸透しているってこと。これはすごいことだよね。

僕は、サッカーには戦争をなくす力だってあると思っている。実際に、プロサッカー選手が母国を救った話がある。元コートジボワール代表のディディエ・ドログバは、2002年に政府派と反政府派が南北に分裂してしまったことを受けて、争いをやめるように呼びかける運動を始めた。2005年に、ワールドカップ・ドイツ大会の出場を決めた試合後には、ロッカールームからテレビ中継で国民に訴えて、(それだけが理由ではないとしても)内戦を終結へと導いたんだ。

ドログバの発信をきっかけに、みんなが一緒にサッカーの試合を観戦することで心を寄せ合ったんだ。これはサッカーがもつ力の一つだと信じているよ。

日本だとあまり実感できないけど、サッカーはアジアでも人気ナンバーワンだし、東南アジアには、サッカーくらいしかメジャースポーツがない。

サッカーはとんでもないスーパーコンテンツなんだよ。ボール1個あれば、スパイク1足あれば、世界中でできるからね。

僕は、海外に行くといつも、その街の主要チームを調べておき、ホテルのフロントで地域のスター選手を褒めるんだ。「日本でも知られているすごい選手だよね」って。そうすると、決まって彼らは「最上階の良い部屋が空いているから使ってくれ！」と上機嫌になる。僕はそんな裏技で何度も良い夢を見てきたよ（笑）。

サッカーがあれば、それだけで十年来の友人のように、いきなり深いところでつながれる。そんな最高のコミュニケーションツールを、僕はほかに知らない。

僕は世界中で、初めての人と一緒にボールを蹴って仲良くなり、飲めないお酒の代わりにコーラを飲んだりしてきた。

だから子どもたちには、早いうちから海外を知ってもらって、できることなら、そこでサッカーに触れてほしいんだ。子どもを海外に放り出せ！

ケン語録
#11

試合後の反省会はするな！

サッカーの話をする必要はない！

自分がサッカーをしていなかったという親はたくさんいるよね。

サッカーママさんやパパさんから、「子どもに何を話してあげたらいいか、わからないんです……」と相談されることがある。

でも、そんなことは気にしなくていいよ。お父さん、お母さんがサッカーを教える必要はない。それは指導者の仕事だからね。サッカーの話をしなくていいんだ。そして、そのときに一番やってはいけないのが「試合後の反省会」だよ。

試合から帰る車の中で、「あのプレーが良くなかった」とか「どうしてゴールを決められなかったんだ」なんていうのは最悪だ。

誰よりも悔しい気持ちになっているのは本人だから、傷口に塩を塗るようなことをしてはいけないよ。

もし、あなたが同じ状況だったらどう感じるかな？　たとえば、会社でミスをして社長から怒られて、反省しながら席に戻ったら、そのミスを隣の席の上司からも怒られた……。もうやめてくれって思うよね。

誰よりも悔しくて、反省しているのは自分なんだ。次はこうしようと前を向いているのに、また蒸し返されたら嫌な気持ちになる。自分がやられて嫌なことを子どもにしてはいけないよ。

試合に負けても、「相手が強かったね。こんな日もあるよ。お父さんだって失敗するからね。また来週の試合で頑張れば良いじゃないか！」と伝えてあげるのが良いと思うよ。

「家に帰ったら、美味しいご飯をつくるから、それを食べてまた頑張ろう！」も良いよね。

子どもの気持ちに寄り添って、常に励まして、彼らがいつでもポジティブでいられるようにするのが親の役目なんだ。サッカーの経験値なんて一つもいらない。

親が子どもより優れているのは、サッカーの経験ではなく、人生の経験だよ。子どもより何年も長く生きてきたなかで蓄積したものがある。だから、人生の先輩として向き合ったらいいんだよ。

失敗したことがない人はいないからね。失敗したときに、自分はどう対応した？　きっと、背中で見せてあげられるものがあるんじゃないかな。

サッカーのアドバイスは必要ない。人生の先輩として、日頃から背中を見せればいいんだよ。

周りの子どもと比べるな！

親から相談されることで一番多いのが、「うちの子は体が小さいし、トレセンに選ばれそうもないんです……」といった内容なんだ。僕はいつも、こう伝えているよ。

「気にすることは何もない」

育成年代のうまいへたは、とくに15歳までは早熟かどうかで決まる。足が速い子や体が強い子など、その時点で成長している子が選ばれるだけだからね。

むしろ、早熟な子の身体能力を褒めすぎて、必要以上に評価するから、トレセンに選ばれてからそのままプロに進む子どもがほとんどいないくらいなんだよ。

トレセンは、各チームの優秀な選手を集めて、高いレベルの指導を行うことで、その選手がもっている能力をさらに引き上げようとする狙いがあるものだ。選手は良い環境や良い指導によって伸びていくという考えに基づいて、地区トレセン、都道府県トレセン、地域トレセン、ナショナルトレセンというピラミッド構造ができ上がっている。

でも僕は、この仕組みに振り回されている親や子どもをたくさん見てきた。体が未発達だから選ばれていないだけかもしれないのに、選ばれないことに絶望してしまう。

逆にトレセンがゴールのように、選ばれたことを自慢してしまう親や子ども。そんな枝葉末節にとらわれていたら、大切なものを見失ってしまうと思うんだ。

早いうちから体ができ上がっている子は、いつか苦しむときがくるから、今やるべき努力を怠ってはいけないと伝えるべき。

逆に、今はまだ体が小さく、身体能力が高くない子どもにも、正しい努力を続ければ良いと伝えてあげたいね。

身体能力は、いつか追いつかれるときがくるから、できたことを褒めてあげて、その子がもっとチャレンジできる言葉を用意してあげよう。

サッカーを楽しむ子どもとその親が悲しい気持ちになってしまう状況が続くなら、トレセンはなくなったっていい。

それに、僕が立ち上げた小学5年生年代のリーグ戦の仕組みがもっと波及していけば、選手のレベルは上位のリーグと下位のリーグでしっかりとわかれるから、トレセンがいらなくなるかもしれないんだ。

早熟な子も、遅咲きの子も、それぞれが楽しみながら戦えることが大事なんだ。

だからもう、人の子どもと比べるな！

ケン語録
#12

子どもに求める前に自分ができるかどうか考えろ！

子どもの無限の可能性を摘み取るな！

子どもの可能性を知るたびに、僕は大人が勝手に決めつけてはいけないと戒める。みんなも、子どもが想像以上の成長を見せた瞬間に、立ち会った経験はないかな？

市川ガナーズに幼稚園から入っていたある子どもが、小学生に上がるときにチームセレクションを受けたんだ。ある程度レベルの高い子が進むためのものだね。正直、その子には厳しいと思ったけど、あえて入れて、しっかりと育てたんだ。案の定、最初は試合で置いていかれてしまうことがたくさんあったけど、挫折しないで続けていったんだ。

その後、僕はその子の指導からは離れていたけど、小学5年生になった彼が出場した大会で、久しぶりにプレーを見て、衝撃を受けた。

左サイドバックでプレーする彼は、ダイレクトプレーを多用したり、ボランチにボールを預けたり、そのポジションでゲームメイクをしていた。感動したし、申し訳ないとも思った。あのとき、僕はここまでの選手になるとは思っていなかったからね。と同時に、この仕事の最大の喜びを感じたんだ。

子どもには無限の可能性がある。だから、決めつけちゃいけないんだ。そして、我慢強く待たないといけない。ときには、厳しい現実を突きつけてでもね。

15年くらい前に志有人とイングランドに行ったときに、大きな経験をした。当時は、IRA（アイルランド共和軍）テロの影響から戒厳令が敷かれていて、空港も街中もすごい数の兵隊が警備していたんだ。志有人にここで待っていてと伝えて少し離れたら、戻ったときにそこにいない。兵隊がカッコ良かったので写真を撮っていて、連れて行かれちゃったんだ。テロが起こっている場所でそんなことをしたら当たり前だよね。

現実を知る良い機会だった思う。世界にはいろんな国や地域があって、サッカーどころじゃない人もたくさんいる。世界の現実を包み隠さずに見せることも大事なんだ。

そういう原体験が影響したのか、志有人は15歳のときにこんな作文を書いた。

「いろんな国に行って、世界には理不尽な状況に置かれている子どもがいること、平等ではないことを知りました。今の自分には力がなくて何もできないけど、目を開いて現実を知ること。そして、成功して、稼いだお金や名声で、子どもが少しでも平等になれる社会にするために、トップ選手になりたいと強く意識するようになった。だから僕は、将来プロサッカー選手になりたい」

子どもを子どもだと決めつけて、大人の物差しで測ってはいけないよね。子どもの可能性は、本当に無限大だ。僕たちはいつも、それを肝に銘じなくちゃいけないね。

生きている意味を考えろ！

子どもに将来の夢を尋ねたとき、「プロサッカー選手になりたい！」と返ってきたらワクワクする。僕もそうだったからね。

プロ選手になることを夢見て、17歳でイングランドに渡って、プレミアリーグの下部組織へサッカー留学した。そこでこんなことがあった。

「キミは、何のために生きている？」

寮に入ったらいきなり、チームメートのドイツ人にそう聞かれたんだ。最初の質問がそれ？　しかも意味がわからない。僕は「サッカー選手になりたくてここに来た」って答えた。そうしたら彼は、「僕もサッカー選手になりたいよ」と言ったあとに、こう話した。

「でもさ、それは人生の手段だよ。僕の目標は人生を楽しむこと。だからここにいる」

その瞬間、ハンマーで頭を殴られたような衝撃を感じたよ。自分はなんて視野が狭かったんだってね。

プロ選手になることしか考えていなかったけど、もっと先を見ながら生きていくことが大切だって、そのときに強く思ったんだ。

このあとに出会った多くの選手に、同じものがあった。「人生は楽しむためにある」という考え方だよね。

楽しい時間をたくさん過ごしたいから、仕事は短時間で集中してこなすし、残業はしない。きつい練習も短い時間で100%やり切る。人生を楽しむことが彼らの判断基準なんだ。

僕が常に心掛けているのは、「決して後悔しないこと」。そうやって生きてきて、10年くらい前から、こう考えるようになったよ。

「人は人のために生きるべき。誰かができることは誰かがやればいい。だから自分にしかできないことをやろう」

それで人が笑顔になったり幸せになったりしたら、自分も幸せを感じるはずだと確信したんだ。自分にとって、それは長い間お世話になっているサッカーに還元すること。みんなを幸せにできることをたくさん考えて、その一つひとつを実行に移しているところだよ。

ヨーロッパには、人が果たさなくてはいけない社会的責任と義務があることを意味する「ノブレス・オブリージュ」という、彼らの基本となる価値観があるんだけど、僕もサッカーへの還元が自然な行為だと思っているんだ。

自分の子どものことは大切だし、その子の夢を全力でサポートしてあげたいけど、その前に考えてほしい。

その人生は誰のもの？　あなたは何のために生きている？　ってね。

ケン語録
#13

1から10まで教えるな！

サッカーばかりさせるな！

プロサッカー選手を目指す子どもが正しい努力を続けて、その結果、本当にそうなれたら素晴らしいよね。

でも、その子どもの夢を、大人がかなえてあげることはできないよ。なぜなら、こうしたらプロになれるという説明書なんてないからね。

僕は自分の子どもがプロ選手になれたけど、子育ての方法が絶対に正しかったとは思っていないし、もっとこうしてあげられたかなということもたくさんある。

何より、好きなものはサッカーじゃなくてもいいと思っていたから、2つのことを意識した。

それは「環境」と「刺激」だね。

僕らの世代が社会人になり始めた頃は、年功序列が当たり前だった。でも今は、そんな守られた社会は崩れ去った。人は付加価値がないといけない。誰でもできる仕事は、若い人や後からやってきた人に取って変わられてしまう。

だから子どもには、人と違う何かを見つけてもらいたいし、それを探すためのサポートが親の役割だと思うんだ。

子どもが何に興味をもつかはわからないし、見たことも聞いたこともない経験をしたら、それが蓄積される。だから旅行に行ったり、サッカー以外のことをしたり、違う分野の刺激も大切なんだ。

志有人は絵を描くことが好きだったから、2人でヨーロッパにサッカーの練習に参加しに行ったときには、一緒に美術館巡りをしたりした。

僕は、アーセナルでプレーしていたロベール・ピレスがビジャレアルに行ったときにご飯を食べたことがあるんだけど、彼はこう話していた。

「自分の人生を広げるために、家族と旅行でいろんな場所に出かけたり、芸術に触れたりするんだ。僕はサッカーを通して、人生のいろんな素晴らしさを知っている」

それが人間としての幅だと思う。

日本では、一つのことに集中することが美徳とされがちだけど、サッカーを修行のように続けるのは絶対に間違いだよ。

サッカーでプロになれたとしても、引退したら何も残らない。サッカーしかできない人間は、人生を彩り豊かにする機会を逃していると感じているよ。

子どもとともに親も成長していくものだし、一緒に幅を広げていけたらいいよね。でもサッカーだけでは成長しない。だから、サッカーばかりさせてはいけないんだ。

空想にふける余白時間が大事だ！

サッカーだけではいけないと言ったけど、気をつけなきゃいけないことがある。それは、子どものスケジュールを埋め尽くしてしまうことだよ。

本書でも、準備をしない子どもに対してついつい手を出してはいけないという話を何度もしているけど、子どもの予定を習い事でいっぱいにして、あとは自分でやらせるということも、ちょっと意味が違うんだ。

現代の子どもは、本当に疲れているように感じているよ。サッカーだけではな

余白が子どもの想像力を生む

余白がない

月	火	水	木	金	土	日
水泳	サッカー	英会話	サッカー	学習塾	サッカー	ピアノ

余白がある

月	火	水	木	金	土	日
	サッカー		サッカー		サッカー	

くて、水泳、ピアノ、英会話、書道、体操、そろばん、ダンス、空手、学習塾……。

空いている時間に、親がどんどん習い事を入れてしまうよね。いろんなことを経験させて、興味を広げたり、好きなモノを見つけたりするのは大事だけど、一番大切なのは「余白」なんだ。

たとえば、家事に追われてあっという間に夜になってしまって、まったく余裕がないまま疲労感が残っている、なんていう経験はないかな？

もし時間をつくれたら、次に何をしようかなとか、あれをしたいなとか想像がふくらんでいくよね。

ボーッとできる数時間は、アイデアを生んだり、それによって人生を豊かにしたりするためにも必要なんだ。

僕は、8歳か9歳の頃に、そういう余白時間で、イングランドでサッカー選手になって、そのあとにどうなるのかを想像したんだよ。そうしたら英語がすごく大事だと強く感じて、勉強するようになった。

子どもに対して、「したくはできたの？」「スパイクを忘れてない？」という先回りをして、「こうすればこうなるよ」と1から10まで教えて、「英語を勉強しておけば将来役立つわよ」「スポーツがうまくなるにはダンスが良い」といって押しつける。

何でもかんでも大人が敷いたレールに乗せてはいけないよね。子どもの時間を塗りつぶしてはいけないということなんだ。

余白にこそ、夢を実現する鍵がある！

ケン語録
#14

子育ては親育てだ！

親が子離れしろ！

息子の志有人は、12歳で親元を離れて、ＪＦＡアカデミー福島の第1期生として寮生活を始めた。

結果的に、彼は16歳でプロ選手になれたけど、小さいうちから家族と離れて暮らすことが良かったのかどうか、その正解は見つかっていないんだ。心も体も、成長過程のまっただ中だからね。

それに、親だってそうだよ。息子のことが気になって、週末のたびに車を飛ばして福島まで出かけることもあったからね。でも、そういう子育ての経験があることもあって、僕は親御さんから「どうしたら子どもを自立させられますか？」と相談されるんだ。そんなときは、「まずは親が子離れして自立しよう」と伝えている。

失敗をさせることや、先回りしすぎないことが大切だと何度も言ってきたけど、親にとっては「手を出さない」ということが最初の自立だ。

子どものために何かをしてあげているようでいて、実は、親自身が子どもを離さないことがよくあるよね。親が意識を変えて、行動を変えていくと、子どもの自立と成長が進んでいくと思っているよ。

いまだに、良い学校、良い会社に行くことが一番だと思っていないかな？　だから、子どもにそれを押しつけて、スポーツの時間を削って受験勉強に使わせたりしているよね。

でも、そもそも「良い」の価値が変わっている現代は、社会自体が大きな変革を遂げたよね。

自粛やオンラインのやりとりによって、〝それがなくても生活できる〟という体験を積み重ねて、自分の中で「本当に必要なものは何か？」をみんなが考えたんじゃないかな。

不要なもの、今の自分には価値のないものが、明らかになった。みんなが不要と考えるものは淘汰されるし、はからずも、新型コロナウイルスの影響で、「みんなが必要と考えるもの」や、いわゆる〝本物〟しか生き残れない時代へと加速したんだ。これまで優良企業とされていた会社だって、何の保証もないからね。

漠然と大丈夫だと思っていたものが、もはや一つも存在しない。

だからこそ、何かに頼らずに、自分自身に価値をもつことが、子どもにも、大人にも求められているんだ。


自分自身を高めなくちゃならないときに、「趣味は子ども」みたいになって、子どもの心配ばかりしていたら親が先に退化してしまうよ。

今まさに訪れている、答えのない新時代は、自分の考えを信じて突き進まないといけない。自分の価値に気がつかないといけない。だからまず、子どもの前にしっかりとした「自分」をもつためにも、考える力が求められているんだ。

子どもではなく、親が考えて実践するところから。そうやって生きていたら、子どもはその姿が何よりの刺激になるはずなんだ。

子どもは親の背中を見て育っていく。僕はそう、強く感じているよ。

自分も好きなものを見つけろ！

親が自立できなければ、子どもも自立できない。

子どもは「親を映す鏡」のようでもあるよね。そう考えると、親の振る舞いが子どものためにもすごく重要だね。

だから僕は、「お父さん、お母さんは何が好きですか？」って聞くんだ。もちろん、それがサッカーでもいいけど、何かを好きな気持ちが大切で、子どもがサッカーに打ち込むのと同じように、親自身も一生懸命になれること、楽しいことを続けてほしいよね。

そうすると、毎日の生活が生き生きするし、そういう親の姿を見て、子どもたちも絶対に何かを感じ取ってくれるからね。

それに、自分が打ち込めるものを見つけたら、必要以上に子どもに時間を使うことはなくなる。自然と手を出さなくなっていくはずだよ。

僕自身がまさにそう。志有人には、正直言って何もしていない。ただ一つ、自分の背中を見せただけなんだ。バカみたいにサッカーばかりして、一にサッカー、二にもサッカーって、きっと娘も含めてあきれていたと思うんだ。

でもその反面、それだけ好きなものを見つけられるのはすごいなというのは伝わったんじゃないかと思う（笑）。実際、娘も小さい頃に見つけた大好きなファッションの世界で活躍している。そういう姿を見せてきたからこそ、娘も息子も、大好きなものを見つけようとしてきたんだろうね。

今はまだ、子どもにたくさんの時間を使っていても、10年後、20年後にはまったく関わらなくなるんだ。

サッカーの練習や試合への送迎で忙しいのは今だけだよ。そして、その日々がなくなった頃にようやく気がつくんだ。そのときが一番、充実していたなって。

子どもと過ごせる時間は短いからこそ、毎日のたわいのない会話を大切にしてほしい。それと同時に、子どもとの関わりがなくなってからもポッカリと穴が空かないように、好きなものを見つけよう。

自分の時間をもつことができたら、子育てから卒業しても自分を見失うことはないよね。だから、何でも良いから、自分の好きなものを見つけろ！

第3章

パッションをもて！

PASSION

How to raise children who survive the new world

ケン語録
#15

一発レッドカードくらいもらえ！

パッションこそがエネルギーだ！

僕はこれまでに2500試合以上に出場してきたけど、実はレッドカードもたくさんもらってきたんだ（苦笑）。

これは誇れるものではないし、ルールのなかで戦うものだから、決して褒められたことじゃないよね。

でも、ある意味では大切なことだとも思っているよ。

行き過ぎた行動はよくないし、チームに迷惑をかけてはいけないけど、それ以上にいけないのは、パッション（情熱）がないことだ！　試合ではそれがすべてと言ってもいいくらいだね。

17歳でイングランドに行く前から感じていたことなんだけど、それは海外に行ったことでより明らかになった。

ヨーロッパのスカウトの人たちがよく話していたのは、「日本人は技術はすごく高いけど、パッションが感じられない」ということだったんだ。

ゴールを決めたあとに喜びを最大限に表すことで周りはシンパシーを感じるものだし、ボールやゴールを奪われた怒りが、地獄の底まで追いかけてやるという気持ちにつながる。

つまり、パッションこそがサッカーのエネルギーになっているんだ。ここで抜かれたら絶対におしまいだという瞬間に、つい手を出して止めてしまって一発退場するシーンを見たことがあると思うけど、それは自分で出した結論だし、批判覚悟でやるものだから、起こりうるものだと思うんだ。

リカルド・ロペスなんて、子どもたちが劇的なゴールを決めたらベンチからピッチに選手を抱きしめに行って、審判に怒られたりしていたからね（笑）。

感情表現というのは、とてもポジティブなものなんだ。日本には、熱くなるのがダサいみたいな風潮があるけれど、国際社会では逆に、感情を表に出せないと受け入れてもらえない。

これは僕の価値観だし、すべてがそのまま正解だとは思わない。でも、僕はそうやって海外でも選手や周りの人たちとコミュニケーションをとってきたよ。

多くの子どもたちを見ていると、きっと親も普段から感情表現が少ないのかなと思ってしまう。みんなにパッションをもってほしいんだ。

人は人からしか共感できない！

今から10年くらい前のことだけど、僕のもとに1通のメールが届いたんだ。送り主は、高校サッカーの名門である神戸の滝川第二高等学校で長く監督を務められ、その後、チャイニーズタイペイの代表チームを指揮した黒田和生先生。日本代表の岡崎慎司選手や金崎夢生選手を育てた監督が、面識がなかった僕に突然、連絡をくれたんだ。

僕が書いた記事を読んで、「すごく感動して、共感しました。あなたなら、日本のサッカーの育成を変える存在になれると感じたので、直接お会いして話をしたい」と書いてあった。

ものすごく有名な人からいきなりそんなことを言われて、恐縮してしまったよ。

それで実際に会いに来てくださったんだけど、そのときに話していたのが、「私は、これだと思ったら、その人に会って、直接その言葉を聞くようにしているんです」と。対面して話をすることを何よりも大切にされていたんだ。

たしかに現代はインターネットの普及や技術が発達したのでＳＮＳなども使ってどんな情報もすぐに得ることができるよね。

直接、人に会わなくても、オンラインで会話もできる。新型コロナウイルスの影響で、そういうことが今まで以上に増えているけど、本当に大切なことは何だろうと、すごく考えさせられる。

黒田先生も、情報収集にインターネットや書籍などを活用されているそうだけど、人の生の言葉に大きな価値を感じていたんだ。

前述のピレスもそうだったけど、そのときに、その場所でしか感じられないものが絶対にある。会わなければ、その人の本当の感情や雰囲気、奥深さを知ることができない。

会うことで、その人の言葉に感動して、共感して、自分の心に刻まれる。本を

第3章

パッションをもて！

1冊読むよりも、人に会うことのほうがはるかに得るものがあると思うんだ。

僕は、パッションさえあればたいていのことは成し遂げられると思っているよ。本気でそれをやりたいかどうか。そして、それをもっているかどうかは、相手の目を見ればわかるもの。

目の中に宿るパッションが大事なんだ。人に会って、直接話を聞け！

ケン語録
#16

オンとオフを切り替えろ！

人生のアクチュアルタイムを延ばせ!

日本には「文武両道」という言葉があるよね。僕も、勉強もスポーツもどちらも頑張るというのは、すごく良いことだと思っているよ。

でもね、その言葉はいらないとも思っているんだ。だって、そんなことは当たり前だから。どちらかではなく、どちらも一生懸命やることは誰だってできるはずだよ。

僕の草サッカーチームの仲間でサッカージャーナリストの小澤一郎さんが、2017年に『サッカーで日本一、勉強で東大現役合格』(洋泉社)という本を出版したけど、そういう究極の文武両道は時間の使い方に秘訣があると思うよ。

会社で働く日本人の多くは、週末の休みのために平日を頑張ろうというマインドだけど、僕からしたら毎日を楽しまなきゃ損じゃないかと思う。

仕事をダラダラと続けて疲れてしまい、遊ぶ気力が残っていないというのは、効率が良くないからね。

本書では何度も登場する言葉だけど、オンとオフの切り替えが何よりも大切なんだ。

子どもが勉強やスポーツの力を最大限に発揮するためには、恋人とデートをしたり、友人と映画を観に行ったり……楽しいオフの時間をつくるからこそ、オンのときに100％のパワーを注げるんじゃないかな。

みんなは「アクチュアルプレーイングタイム」という言葉を知っているかな？

これは、試合のなかで実際にプレーが動いている時間のこと。選手交代や負傷者の対応で空費された時間はアディショナルタイムにカウントされるけど、試合では、ボールが外に出たり、ファウルで選手が止まっていたり、プレーしていない時間もあるよね。Jリーグなどではだいたい50分から60分が実際のプレー時間なんだ。


僕は、人生にもアクチュアルプレーイングタイムがあると思っていて、それを延ばすこともできるはずなんだ。

日本は世界で2番目の長寿国と言われているけれど、本当に価値があるのは、有意義な時間をたくさん過ごすこと。誰もが1日24時間のなかで生きているけど、その使い方次第で、人生を延ばすことができる。

だからこそ、時間を有効に使うためにも、オンとオフの切り替えが大切なんだ。

オンもオフもどちらも大事だ！

勉強とスポーツの両方が大事だと話したけど、両者はすごく大事な関係があることも明らかになっているんだ。

毎日1～2時間、部活をしている子どものほうが、まったくスポーツをしない子どもより学力が高くなることが証明されているんだよ。文部科学省が実施している「全国学力・学習状況調査」の報告書や集計結果からも読み解けることなんだけど、これは僕が長い間サッカーを続けて感じてきたことでもあるね。

受験勉強に集中するために、中学3年生や高校3年生の夏にサッカーを引退してしまうのではなく、せめて週に何回かはサッカーを続けたほうがストレスの発散にもなるし、短時間で集中するやり方も身につくと思うんだ。

さっきの東大現役合格の話もそうだけど、僕はそうやって勉強もスポーツもどちらも頑張って、自分が希望する進路へ進んでいった選手をたくさん見てきたよ。

それに、僕自身がまさにオン・オフの切り替えの重要性を体感してきたし、勉強もスポーツも集中力が大事だということを学んできたんだ。

僕は塾には行かないで、学校の授業に100%集中して、わからないことはその場で解決してきた。だから、そのぶんサッカーの時間もたくさんつくれたんだ。

勉強もスポーツもどちらも「オン」だということ、オンとオフを使いわけること、オンに全力を注ぐためにもオフを大事にすること。すべてが必要なことなんだね。


オンとオフの考え方はいろんなところにつながっているのだけど、サッカーの試合に置き換えることもできるよね。

サッカー選手は、練習試合だけをいくらやってもうまくはならなくて、緊張感のある公式戦に出場しないと成長できないという考えも似ていると思う。

第3章

パッションをもて！

本書でもあとの章で伝えていくけど、僕は日本に公式戦の数が圧倒的に少ないことをずっと訴え続けているんだ。サッカー以外のスポーツでも、たいていは春と秋の大会があるだけで、しかも、それは負けたら終わりのトーナメントで戦われている。

そのほかには練習試合か、複数チームを招いた交流試合をするしかないんだ。これでは選手の本当の成長は期待できない。

だから僕は、通年のリーグ戦の重要性を訴え続けてきて、実際に子どもたちの年代にリーグ戦を導入し、それを全国へと広げているんだよ。

それで、これこそがオンとオフでもあると思うんだ。オンが公式戦で、オフが日々の練習。そのどちらも大事だし、オンとオフの適切なバランスによって、選手は可能性を広げてどんどん成長していくんだ。

オンもオフもどちらも大事にしろ！

ケン語録
#17

練習は2時間以上やってもムダだ！

間違った努力は報われない！

新型コロナウイルスの感染拡大による外出自粛以降は毎日、SNSで同じような光景を目にする機会が圧倒的に増えた。午前中にインスタグラムを見ていると、子どもの朝練習といって、サッカーママさんたちがコーンを置いたドリブルやリフティング動画をたくさん流している。

そこには、こんなハッシュタグも付いている。「#努力は必ず報われる」って。これは何も最近に始まったことではなくて、自粛が続く前から、たくさんの人が投稿していたよね。

でも僕は、そういう動画を見るたびに、こう言いたくなるんだ。「#間違った努力は報われない」とね。

どんな努力でも良いというわけではなくて、正しい努力をしないと意味がないんだ。多くの人が努力すること自体が目的になってしまっていると感じているよ。

リフティングがムダだとは思っていないよ。でもね、そのうまさは、必ずしもサッカーのうまさには比例しないんだ。

遊びでやるのは良いけど、うまくなろうと思って何十分もそのための練習をしているのであれば、別のことをする時間に充てたほうがいいだろうね。

僕が17歳でイングランドに渡ったときのこと。最初の練習で、いきなりスネ当てが割れそうなタックルをくらったり、紅白戦で胸ぐらをつかまれて殴られそうになったり、すごく激しいなかに放り込まれた。でもそのあとに、監督からこう言われたんだ。

「おい、何をビビってプレーしてるんだ？　日本の練習は激しくないのか？　もし70％くらいで練習しているのなら、本番で100％なんて出せない。練習に120％で取り組んで初めて試合で100％くらいでできるんじゃないのか」

試合のために練習するんだから、試合と同じかそれ以上の激しさじゃないと意味がないよね。日本では練習からガンガン行くと、空気を読めよって言われたりもするから、その言葉は目からウロコだったね。

練習時間も同じだよ。試合時間以上続けたら100％ではなくなってしまうから、海外では90分以上はやらない。短時間で集中してやるんだ。

それに、監督の前でベストパフォーマンスを見せないと試合に出られないから、全体練習で常にコンディションを最高に維持することを心がける。

だから、監督の見ていないところで自主練する選手はほとんどいないよ。相手のいないリフティングなんて、彼らからしたら意味がないことなんだ。練習に全力で取り組んで、それ以外はリラックスして、サッカー以外のことをして休息する。そうやってオンとオフを意識することが大事なんだ。

休めば休むほどうまくなる！

日本の子どもたちは、練習と試合を合わせて1週間でサッカーだけに400〜500分くらいを費やしている。

週末しか活動しないような少年団の選手はずっと短いと思うけど、スクールに通っているような選手の多くは、400分以上も費やしているんだ。これは正しいことだと思う？　その答えは「ノー」だね。

もちろん、何もしないでうまくなるということじゃないよ。1週間でどれくらいの時間をサッカーに使うべきか考えなくてはいけない。海外はどうだろう？

実は、バルセロナなどのヨーロッパのクラブでは、練習と試合を含めてだいたい300～350分なんだ。市川ガナーズも、平日の1回の練習が75分で、週3回やって合計225分。土曜日に試合したら300分を超えるから日曜日はオフなんだ。

これはなぜだと思う？　僕が一番伝えたいのは、怪我をしないためだということ。長時間のプレーは、シンスプリントや第五腰椎分離症といった疲労骨折につながりやすい。それに、日本の育成年代はオフがないから、慢性的に疲労が溜まりやすいんだ。

世界基準を見ると、育成年代のオフはだいたい2カ月。イタリアなんて3カ月もオフがあるんだよ（笑）。日本はどうだろう。1カ月休むクラブすらないよね。うちのクラブも最低で1カ月は休めるように移行したいよ。知り合いのクラブでは、オフを1カ月取ったら休みすぎだって選手が移籍したらしいけどね（苦笑）。

日本の経済を支えてきた要因の一つには、会社員のサービス残業があるんだ。でも、それは間違いなく効率が悪いし、健康にも良くないよ。

労働基準法で労働時間が1日8時間と定められているのは、100％の力で働ける時間はそれくらいが限界だということ。夜遅くまで働いている人が、意外と朝はゆっくりしていたり、夕方から本気でやり始めたりしていないかな？

その背景には、科学がこれだけ進歩しても世界の宗教の普及率が90％を超えることにあるんだ。なぜなら、人は常に不安をもつ生き物であって、どこかに心の拠り所を求めるからなんだよね。その一方で、日本の無宗教率は60％もあるんだ。ということは、日本人は精神的に強いということなのかな？　いや、そうじゃないんだ。日本人が信仰する宗教は、〝会社教〟や所属する〝組織教〟なんだよ。

みんな、長時間練習したり、働いたりすることで、安心したいんだ。「自分はこれだけやったんだ」ということで自信を手にしたい。

たしかに、何もしない人よりはうまくなるだろうし、仕事ができるようになるだろう。でも、効率よく練習できている人や、仕事ができている人よりは成長速度がずっと遅いはずだよ。

やるときはしっかりやって、休むときは徹底的に休む。無理な自主練やサービス残業をする必要なんてないんだ。休めば休むほどうまくなる！

ケン語録
#18

プロは目指さなくていい！

プロサッカー選手なんてならなくていい！

本書を手に取っているみんなの子どもの多くは、きっと将来プロサッカー選手になりたいと夢見ているよね。

でも知っているかな？　プロサッカー選手になれるのは2万人に1人。つまり0・005％しかないんだよ。

しかも、Jリーガーの平均引退年齢は25歳。ものすごい競争に打ち勝ってプロ選手になっても、早いうちに職を失ってしまう。

それくらい儚いものだからこそ、選ばれた選手は多くの人に夢や感動、勇気を与えられる素晴らしい職業でもあるよね。たどり着ける可能性をもつ子どもには、ぜひ目指してほしいと思っているよ。

でもね、もしプロ選手になれなくても悲観することはないんだ。僕は、プロサッカー選手になるよりも、もっとずっと幸せになれる方法を知っているよ。それは、サッカーを一生やり続けることだよ。

ドイツでは、10歳のサッカー少年と、40歳のサッカーおじさんの競技人口が一

ドイツは子どもと大人のサッカー人口が同じ

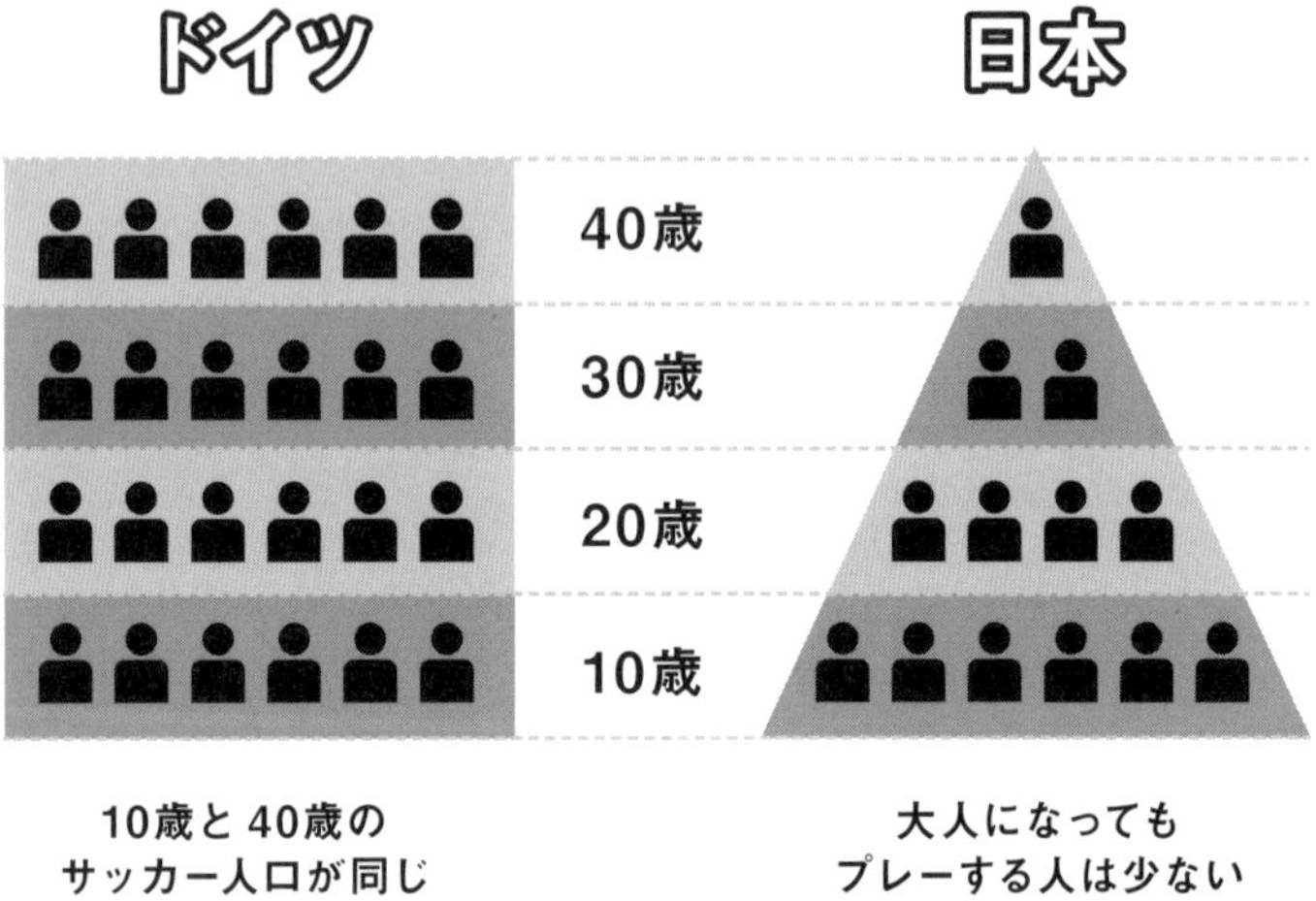

大人になっても
プレーする人は少ない

緒なんだ。

ドイツでは国民の5人に1人以上がサッカーをしているんだけど、子どもの頃に始めたスポーツを大人になってもほとんどの人が続けているんだよね。

じゃあ、日本はどうか？ 実は、育成年代のサッカーの競技人口は約70万人なのに、シニアになってもサッカーを続けている人は約4万人になってしまうんだ。

それはね、日本がスポーツを修行のようにやらせていることが原因だと思うんだ。そのうえ、全国大会出場とか、その実績が進学に有利になるような仕組みがいけない。

サッカーで良い結果を出して、良い学校に推薦で入れるなんておかしいと思うよ。おかしいと思いながらも、保護者が声を挙げられないんだ。

さっきも書いたけど、サッカーはしょせん遊びだからね。プロサッカー選手になれなくても人生は楽しめるものだよ。

ずっとサッカーを好きでいてほしい！

遊びが遊びじゃなくなったら、どこかで限界がやってきて、燃え尽きてしまうよね。早い子は小学生でやめちゃうし、中学、高校と、それぞれで「引退」なんていう言葉がある。一生ボールを蹴りたい僕にはありえないことだね。

7歳からサッカーを始めて、毎年50試合はピッチに立って、それを50年間も続けてきたから、10代の選手が「引退」を口にすることには違和感しかないんだ。だって、そうやってやめちゃったら、たくさんの仲間が2500試合達成記念パーティーを開いてくれることもないわけでしょ。

プロ選手になってもならなくても、サッカーがあったことが最高だと思える瞬間が必ず、何度もあるものなんだよ。僕が特別だったわけじゃなくて、誰もが僕のようにスポーツを続けていたら味わえる喜びなんだ。早くにサッカーをやめてしまうよりも、そういう人生のほうが、僕は幸せだと思うな。

僕がどんなサッカーライフを送っているか、ちょっとだけ紹介するね。自分の草サッカーチームは、3年前に台湾に行ってから、タイ、ベトナムと3年連続で海外遠征に行っているんだ。草サッカーチームが遠征？　何のために？　って思うかもしれないけど、これが最高なんだよ。

試合もたくさんやって、みんなで美味しいものを食べて、お酒を飲んで、楽しみ尽くす。毎回楽しすぎて、最後の夜は帰りたくないからみんなしんみりしちゃうんだ。

それに、遠征の半年以上も前から、LINEグループでのやりとりが盛り上がっている。新型コロナウイルスの影響が落ち着いたら、今年の秋にはカンボジア遠征に行こうと思っていて、待ち遠しくて仕方がないからね。

この海外遠征にはきちんとルールもあるんだ。お金をあまり持っていない若い選手もいるから、飛行機とホテルを合わせて5万円まで。贅沢なホテルには泊まれないけど、誰と行くかのほうが大切だよね。初参加の選手もすぐに仲良くなって、みんな一生の仲間なんだ。

なんだか自慢話みたいだけど、伝えたい想いは一つだけ。

自身もそうだけど、子どもたちがずっとサッカーを好きでいられるようにサポートしてほしいんだ。強いチームに行く必要はないから、きちんと試合に出られる環境を探してあげてほしい。

試合にたくさん出られたら、きっとサッカーの楽しさを忘れないだろうし、プレーするだけじゃなくて、試合観戦だって楽しいはずだね。

ずっとサッカーを好きでいてほしい！

ケン語録
#19

磨かれた感性はサッカーに生きる！

パッションは周囲に連鎖する！

パッションが大事だという話は何度もしているけど、そのことを再確認するうえで、僕は海外の指導者から刺激をもらうことが多いんだ。

奈良クラブのGKダイレクターを務めているジョアン・ミレッと、市川ガナーズに来てくれたリカルド・ロペスの2人には、本当にほとばしるようなパッションがあったね。

ピッチでは、シュートもパスもドリブルも、すべて自分で考えて行動に移す。そのエネルギーこそがパッションだから、ピッチ上であふれんばかりの情熱をもつ人間が、人の心を動かせるということをあらためて教えてくれたよ。

リカルドは、自身のスペイン代表の経験、日本代表のスタッフやそれ以前の素晴らしい指導キャリアもあるし、世界のトップクラブやJリーグからオファーが来てもおかしくないような人材。

実際、そういう話はあったそうなんだけど、僕の誘いを金額を見ないで受けてくれた。僕たちが求めるものと彼が求めるものが一致したんだね。

最初はエージェントを通じて紹介を受けて、1週間ほどリカルドにスクールの指導をしてもらったんだけど、そのときの熱量が半端じゃなかったんだ。

でも彼自身もきっと、何もない場所で立ち上げたクラブに対する本気度を感じたから、条件度外視で引き受けてくれたんだと思う。リカルドと自分たちを結びつけたのも、パッション以外の何物でもないんだ。

もちろん、リカルドだけじゃないよ。市川ガナーズのスタッフのみんなは、サッカーや目の前の仕事に情熱を注いでくれているんだ。6年前に背丈以上の雑草が生い茂っていたただの空き地が、多くの人が笑顔になれる場所に生まれ変わったのは、彼らがいなければ実現できなかった。

うちの採用条件は「パッション」。

子どもたちに小手先の理論やテクニックは通じないからね。技術を体系立てて教えること、正しい知識をもって指導に当たることは大切だけど、そのための勉強や研究も情熱がないとできないからね。

パッションは連鎖するから、クラブには熱い人間がどんどん増えていくんだ。

僕はみんなで日本サッカーを変えて、強くしたいと心から願って、一生懸命に取り組んでいるんだ。

サッカーの感性はサッカー以外で磨け！

パッションは決して、サッカーに対してのものだけじゃなくていいんだ。むしろ、あらゆること、自分が心から好きだと思えるものには、等しく情熱を注いでほしいな。

いろんなところに遊びに出かけたり、勉強をしたり、社会を見て感じたり、サッカー以外の刺激を受けることは、サッカーにもメリットになるよ。

もちろん、損得で行動するものじゃなくて、結果的にサッカーにも良い影響があるってことだね。

サッカーに取り組む子どもをもつ親であれば、小さい頃から、サッカー以外の大好きなものを見つける手助けをしてほしいんだ。

志有人は絵を描くのが大好きだったし、短歌も好きだった。それに、洋服も大好きだったから、今ではプロサッカー選手でありながら、本気でビジネスについても勉強して、自分でアパレルブランドを立ち上げてしまったんだ。そこに強制されたものは何もないよ。サッカーと同じように深掘りして突き詰める。その結果として、サッカーのクリエイティビティも磨かれていくものだと思うんだ。

クリエイティビティって、まさに芸術と同じだよね。そこは、スポーツもアートも、共通項としてつながっているんだ。

頭で思い描いたものを、どんな手段で表現するか。サッカーはそれを足で表現するものということだね。見ている人の想像を超えるプレーというのは、まさにクリエイティビティ、磨かれた感性から生み出されるはずなんだ。

そのために空想や余白の時間が大事だって話は第2章でもしたけど、結局、サッカーだけの世界しかもたない人は、すごく視野が狭いと思う。

一人ひとりが違う感性でいいと思うし、いろんなものをもてば、サッカーを多角的に捉えることができる。それが、俯瞰的に見ることなんだと思うよ。

プロサッカー選手の多くは、ピッチを俯瞰できる。

それによって数手先を予測できたりするんだよね。その能力で僕が衝撃を受けたのが、ジーコだった。

彼は調子がよければ、パスをもらう前に最大で4つか5つの選択肢を用意できると話していたんだけど、本当に超能力者かと思ったよ。

僕が友人とスタンドから試合を観戦していたら、試合後にその友人がジーコに怒られたんだ。「電話してただろ、試合に集中しろ！」って（笑）。

ジーコはやっぱり、とてつもない視野の持ち主だね。でもそういう視野こそが、選手がどれだけ磨かれた感性をもっているかを示しているんだ。

サッカーの感性は、サッカー以外で磨かれる！

ケン語録
#20

心から楽しめるものを見つけろ！

大人になっても青春を謳歌しろ!

第2章で、「子どもの自立の前に親が自立しろ!」という話をしたよね。そのためにも、大人も子どもも自分が夢中になれるものを見つけると良いと思うんだ。僕はいろんなことに興味があるし、気になれば実際に見に行ったり、人に会ったりもする。

でもやっぱり、心から大好きで、楽しめるものはサッカーなんだ。それは50年以上変わらないし、きっとこれからも変わらないだろうな。

2500試合も達成したし、ゴールもたくさん決めたし、仲間と数えきれないほどの喜怒哀楽を共有してきたものだからね(僕はストライカーだから、キャリア1000得点までは記録を残していたんだけど、それ以上は面倒になって数えるのをやめちゃった)。

子どもたちが「将来はプロサッカー選手になりたい!」と目を輝かせて夢を語るのは素晴らしいことだし、実際にそうなれたらもっと素敵なことだけど、今の僕が言えるのは、人生にはもっと最高なことがあるんだということ。

一生サッカーをやり続けること。人生において、お金持ちになることは悪いことではないけれど、僕がそれよりはるかに大事だと考えているのは、とてつもなく多くの仲間に囲まれる人生だ。

今でも、年に何回かは草サッカーチームの仲間と遠征をしているんだけど、サッカーで真剣勝負をして、夜は宿で車座になって宴会をして最高の時間を過ごす。さすがに枕投げはしないけど、大人になっても青春を謳歌している感じだよね。

大人になっても子どもの頃のように友達と楽しいことに没頭できる人生って、充実していると思わないかい？

僕は、誰にでも同じようにスポーツを楽しんでほしいと思っているんだ。

だから、自分が楽しんでいる姿をSNSで発信したり、インタビューや対談、講演会を通して、メッセージを投げかけたりしているんだ。

今の目標は「シニアに行かないで、このまま20代、30代の若い選手に交じって戦うこと」。迷惑をかけるようなら、シニアに行く。どう、最高でしょ!?

楽しむ気持ちが日本を救う！

スポーツで日本を救いたいと、僕は本気で思っている。スポーツならそれができる。僕はそう確信している。

詳しい方法や、僕が市川ガナーズを通してやってきたこと、将来やっていきたいことは本書でも伝えていくけど、一つだけ言えるのは、みんなが信じている健康で幸せな未来は、もう崩れてしまうかもしれないということなんだ。

人口が減り、世の中のサッカークラブはこの先、生き残りをかけた競争をしなくちゃならなくなる。それと同じように、日本のシステムも崩れていって、まずは国民健康保険が破綻してしまうだろう。新型コロナウイルスの感染拡大の影響が話題になる前は「3年後に破綻する」と話していたけど、現状は国の借金は膨れ上がり、課題が顕在化し、問題は加速する。

そういう未来がすぐそこに迫っているなかで、国を救い出す唯一の手段がサッカーをはじめとするスポーツの力だと、僕は信じているんだ。

人はスポーツを通して健康を取り戻して、医療費や薬代を削減する。それが今、日本人ができることだと思っている。理想や空想だと言う人もいるけど、そんなことを言うやつなんて、僕は信じない。自前の人工芝フルピッチのサッカー場を建設しようとする前も、国内最大規模の私設のリーグ戦を定着させる前もそうだけど、「そんなの無理だよ」「続かないでしょ」と言う人はいた。

でも僕は、本気でやると決めたから発信してきたし、やり抜く覚悟があるから行動し続けるんだ。立ち止まっている時間はないからね。

市川ガナーズが活動するグラウンドの隣には、市川市が管理するテニスコートが12面そろっていて、3年後にはアリーナや球技場を建設する予定だから、総合型地域スポーツクラブとして本格的に活動を広げていこうと思っているよ。

たとえばみんなは、「今から10キロ走ってきて」と言われたらできる？　そんなに簡単じゃないよね。

でも、好きなサッカーであれば、90分の試合をこなしているだけで同じように10キロくらい走れてしまうんだ。

僕は大人に、スポーツが好きだった頃の感覚を取り戻してもらいたいとも思っているよ。

部活がつらくてやめてしまった人、一緒に楽しめる人と離れてやらなくなった人、場所がないからとあきらめる人。そういう人がいたら、僕はまた、思い切りスポーツで汗を流して、楽しかった気持ちを思い出してもらいたいんだ。

それに、スポーツを楽しむ人が増えたら、マーケットも活性化する。部活でサッカーやバスケットボール、テニス、バレーボールなどをしていた人の半分でもコートに戻って来てくれたら、シューズやラケット、様々なアイテムが売れて市場が潤うよね。

大切なのは「健康じゃなくてもいい」と思っている人がいないということ。今は健康に無頓着な人でも、怪我をしたり、病気になったり、不自由を感じたときに健康の大切さに気がつくよね。究極的には、健康に関心がない人はいないんだ。

みんなが求めているもので、みんなが幸せになれる。僕にはやりたいことがたくさんあるし、僕にしかできないことに取り組んでいるけれど、その原動力はパッション。

自分自身が「楽しい」と心から思うことで、日本を救いたい！

ケン語録
#21

パッションがあれば何でもできる！

プロになったら自分の足で稼げ！

２０１９年12月から本書を書いているけど、今もなお、僕は息子と多くの時間を過ごしている。息子は、２０２０年5月4日に27歳を迎えたんだけど、もしかしたら彼が12歳のときに家を出てから、初めて誕生日を一緒にお祝いしたかもしれないな。新型コロナウイルスの影響がなければ、ある意味、この貴重な時間を味わえなかったかもしれないね。それくらい、志有人が小さい頃から彼自身が自立する姿を〝見届けて〟きたんだ。

第2章でも書いたけど、親も子どもから離れなければいけないし、手を差し出したくなるのをグッと我慢しなければいけない。もちろん、その子育てが正解だったかどうかはわからないけれど、僕は志有人との距離感を大事にしてきたんだ。

志有人はＪＦＡアカデミー福島に入学し、２００９年にはＦＩＦＡ Ｕ－17ワールドカップのナイジェリア大会出場メンバーに高校1年生で唯一選ばれて、翌年には16歳でＦＣ東京のプロ契約を勝ち取り、その年に公式戦デビュー。一気に階段を駆け上がったんだ。

僕はプロサッカー選手になった彼に、2つのことを伝えた。

その一つは、「今日からお金を渡さないから、自分で稼いでこの厳しい世界を自分の力で生き抜け」ということ。16歳の子どもには酷な話かもしれないし、当時、その言葉の意味をすべて理解していたとは思わない。でも、彼が僕に泣きついてきたことは一度もないんだ。それどころか、今では僕よりも稼いでいるからね（笑）。

周りの人からは、「やっぱり言動がケンさんの息子だね」と言われることがある。こうと決めたら、そこに向かって突き進む信念があるんだ。まるで息子自慢のようだけど、彼を見ていると、あらためて思うことがあるんだ。

それは、サッカーでも、そうではない日々の生活でも、パッションが何よりも大事ってこと。

プロになったら息の長い選手を目指せ！

息子がプロになるときに伝えたもう一つは、「華々しくなくても良いから、できるだけ息の長い選手になってほしい」というものだ。

2万人に1人しかなれないといわれるプロの世界においても、そこで圧倒的な違いを生み出して光り輝ける選手はさらに一握りしかいない。しかも、プロ選手でいられる時間は決して長くはないからこそ、できるだけたくさんの経験をプロ選手として積んでもらいたいと思ったんだ。

それに、アスリートには怪我もつきものだから。志有人は最近、怪我が続いているなかでもなんとか第一線で戦っているから、ある意味では、「息の長い選手」と向き合い続けるプロサッカーキャリアになっているかもしれないね。

プロになってから11年で、彼は本当に多くのチーム、多くの指導者の下でプレーしてきた。ＦＣ東京、大分トリニータ、町田ゼルビア、Ｖ・ファーレン長崎、ジェフユナイテッド市原・千葉、Ｊリーグ・アンダー22選抜、レノファ山口、そしてオーストラリアのシドニー・オリンピック。

その時々で、あらゆる境遇があって、本人の決断があったわけだけど、２つの大きな試練についてはは触れておきたいと思う。

1つ目は2018年9月、2つ目は2020年3月。

両方とも、シーズンを棒に振る前十字靱帯損傷という大怪我だ。とくに3月の怪我は、10年間Jリーガーとして生活してきて、次のステップとして選んだ異国の地で、いよいよリーグ開幕戦を迎えるという前の最後の調整試合のことだった。シーズンは絶望的だということで契約は打ち切りとなり、帰国して出術を受けた。神様は試練を与えるよね。

でも、決して腐ってはいないんだ。僕が伝えた言葉を覚えているかはわからないけど、彼は大好きなサッカーをまた思い切りできる日のために毎日を過ごしている。つくづく、息の長い選手でいることの難しさを思い知るけど、志有人なら頑張ってくれそうだね。そういえば、12歳で家を出るときに伝えたことも2つだったな。

「ボールを取られたら、怒りのエネルギーで地獄の底まで追いかけて取り返せ」

「ゴールを入れたら、感情をピッチの上で爆発させて観客と一体化しろ」

〝パッションこそがエネルギーだ！〟の項でも伝えたけど、大きなパッションの持ち主の彼には、やはり期待したくもなるよね。

第4章

サッカーの概念を変えろ！

PASSION

How to raise children who survive the new world

ケン語録
#22

サッカーは しょせん遊びだ！

新しい競技者を増やさなくていい！

サッカーは自由で楽しい。だからこそ、自分で考えてプレーすることがとても大切だ！

僕はずっと、出会うすべての人にそう伝えてきたんだ。誰かに強制されるものじゃないんだよ。

なぜなら、スポーツはしょせん遊びだからね。やりたい人がやればいいんだ。

みんなは、サッカーがうまくなるために何をすればいいと思っているかな？ボールを自在に操る曲芸師のようなテクニックを身につけることが一番だと思っている人はいないかな？

本当のサッカーのテクニックは、試合で使うものだけ。小手先の技術を練習し続けることにはあまり意味がないんだ。

それよりも、試合で必要になる、判断をともなった技術を身につけることを考えてトレーニングすることが一番だと思うよ。

そうやってプレーすると、いろんなアイデアが浮かんでくるものだよね。

新しい発見をしたときに、サッカーはもっと楽しいものになる。楽しくなければやる意味はないからね。自分でどんなプレーをしようか想像するだけで、ワクワクが止まらなくなるはずだよ。

自由なものだということがサッカーの醍醐味だし、本質的なことなんじゃないかな。そのことを忘れてしまうから、日本から育成年代の「引退」という概念がなくならないんだ。

東京には4種（小学生）のクラブが800チーム以上あるけど、3種（中学生）になると、一気に100チームくらいまで減ってしまう。

それで、クラブに行けなかった子どもが部活に行かざるをえなくなって、そこで上下関係だったり、試合に出ないで応援ばかりさせられたり、楽しくない経験をして、サッカーが嫌になってしまう子も少なくないはずだよ。

世界の国々と比べても、日本はサッカーを途中でやめてしまう人が圧倒的に多いんだ。

実は、そのことが競技力にも深く関わっているし、日本人の健康にも影響しているんだよ。意外にもサッカーを40代、50代になってもやめない人が多いことと、その国のサッカーの競技力は密接な関係にあることが明らかなんだ。

だから日本が真っ先にやるべきことは、新たな競技者を増やすことではなく、やめる人を一人でも減らすために力を注ぐことなんだ。

サッカーが楽しくない子から目を背けるな！

日本のサッカー少年たちが「サッカーが楽しくない気持ち」になってしまう現状を、僕は本当に残念に思っているんだ。サッカーは誰もが楽しめる遊びのはずなのにね。

毎年12月に、小学生年代の日本一を決める全日本少年サッカー大会が開かれているよね。

２０１８年大会のことなんだけど、日本サッカー協会が発行している指導者向けのテクニカルレポートの記事を読んで、僕は愕然としたんだ。

全国大会に出場したのは48チームの910人だったんだけど、1次ラウンドの3試合で全選手を出場させたのはたったの9チームしかなく、162人の選手が1試合も出ていなかったんだ。

大会が行われた鹿児島県に向かう道中、選手はみんなきっとワクワクしていたはずだよね。でも、およそ2割の選手はどんな気持ちで帰っていったんだろう。

僕はそういう選手の想いに寄り添うと、いたたまれない気持ちになるんだ。それに、全国大会に進めなかったチームでも、同じように試合に出られないまま大会を終えた選手がたくさんいるはずなんだ。


そんな現実を見ても、全日本少年サッカー大会が本当に価値のあるものだと言えるのかな?

もちろん、日本サッカー協会でも、僕と同じように「補欠ゼロ」の考え方に賛同して、一生懸命に仕組みを考えてくれている人たちがたくさんいる。

でも、実際の現場では、いまだに勝利至上主義が横行しているんだ。

第4章
サッカーの概念を変えろ！

小学生も中学生も高校生も、全国大会を何よりの価値に感じているのは一握りの選手であって、その裏では、大多数の選手が悲しい想いをしている。

そういう現実から、僕たちは目を背けちゃいけないんだ！

ケン語録
#23

遊びだからこそ真剣勝負！

サッカーは真剣な遊びにすぎない！

僕がこうやってサッカーに対して自由に向き合って、サッカーを心から楽しんでいられるのは、育ての親だと思っている宮本征勝さんの影響が大きいんだ。父の親友だった征勝さんは、Jリーグ開幕当時の鹿島アントラーズの監督を務めていたんだけど、当時30歳くらいの僕もいろいろと携わらせてもらっていた。練習にもよく足を運んでいて、毎回のようにミニゲームに交ぜてもらっていたんだよ。そうすると、ジーコがいるチームが勝つまで終わらなくて（笑）。どんなに時間が経っても、ジーコが勝たないと終われないから、最後はわざと決めさせたりもしたな。

遊びなのに、ジーコはものすごく負けず嫌いだよね。あれほどのスーパースターなのに、彼にとってはミニゲームも真剣勝負だったんだ。

サッカーはスポーツだけど、しょせんは遊びなんだよ。でもね、そんな遊びに対して、大の大人があだこうだとやり合って、熱くなって、勝負にこだわるから面白いんだ。

遊びなのに誰も手を抜かない真剣勝負というところが尊くて、価値があって、魅力的でしょ?

サッカーは真剣な遊びだから、いつでも遊び心を忘れてはいけないんだ。その心があれば、サッカーに対する見方も違ってくるし、真面目の意味をはき違えることもないと思うよ。


第2章で、「うちの子がトレセンに選ばれなくて……」という話があったよね。でも、そんなことは気にしないでいいんだ。子どもの成長過程のちょっとした身体的な違いであったり、世の中の仕組みがうまく回っていなかったりするだけだよ。

トレセンに選ばれないことが、サッカーをあきらめる理由にはならないし、ましてや親が子どもを心配する理由にはとうていなりえないんだよ。

だから僕は、この本を手に取ってくれているすべての人に、そういうことを伝えたいんだ。サッカーは遊びなんだから、楽しめばいい! ただそれだけだよ。

全国大会至上主義をぶち壊せ！

たくさんの人が、世の中の固定観念に縛られて、窮屈な生き方を選んでしまっているんじゃないかな。トレセンの話もそうだし、全国大会の話もそうだよね。「全国大会に出ることが夢」なんて、そこをゴールにした生き方を選ぶ子どもを増やしちゃいけないんだ。

もちろん、世の中の価値観がすぐに変わるわけではないし、現実的に、サッカーや野球、そのほかにもたくさんのスポーツをする子どもたちが、全国大会出場を夢見て一生懸命に取り組んでいることは間違いないよ。

だから、新型コロナウイルスの影響によるインターハイの中止や甲子園の中止は、大会を目前に見据えていた子どもたちにとっては残念なものだと思う。

でも、これはポジティブな面もあると思うんだ。日本のスポーツが変わるきっかけになるとさえ思っているよ。

だって、一握りの子どもが戦える舞台しかないよりも、すべての子どもが年間を通して自分のレベルに合った熱い試合を何試合もこなせるほうが、はるかに幸せだと思うからね。

第3章でも触れたけど、新型コロナウイルスの影響で明らかになったのは、〝なくてもいいもの〟が淘汰されるということ。

スポーツにとって、サッカーにとって本当に価値のあるもの、なくてはならないものとは何なのか。今こそ真剣に考えて、みんなで、みんなが幸せになれるスポーツのあり方をつくっていけたらいいな。

自分が実行委員長を務めるプレミアリーグU－11は、5年前に7県からスタートして、2019シーズンは、新たに北海道、青森、宮城、福井、京都、奈良、鳥取、島根、岡山、広島、福岡、宮崎の12道府県が増えて、33都道府県、350チーム、7000人、1500試合を行う日本最大の私設リーグへと発展した。

2020シーズンは新型コロナウイルスの影響で遅れてスタートするけど、佐賀と愛媛が増えて33都道府県が参加してくれることになったよ。

「全国大会が一番！」という固定観念はぶち壊そうよ。育成年代で何より価値のあるものはリーグ戦なんだ。

年間を通して拮抗した相手と真剣勝負するリーグ戦が主体となっていないサッカー先進国は存在しないからね。トーナメントをするにしても、リーグ戦で代表チームを決めてから最後に決定戦をやるくらいだよ。

サッカーは真剣な遊びだと何度も話しているけれど、サッカーをプレーする全選手が真剣勝負できる舞台をつくろう！

ケン語録
#24

魔法のトレーニングなんてない！

サッカーはサッカーでしかうまくならない！

サッカーママさんから、よくこんな質問を受けるんだ。

「うちの子は○歳なんですけど、リフティングは何回できたほうがいいですか？」

「ドリブル塾は有効なんですか？」ってね。

リフティングやドリブルの技術に意味がないわけではないから、頭ごなしに否定しないけれど、僕はいつもこういう話を伝えているよ。

「サッカーはサッカーでしかうまくならないよ」

ドリブル塾は、最初から目の前の相手を抜くことが目的になりがちなんだ。でも、試合では、目の前の相手だけじゃないよね。自分がパスを受けるときに、味方がゴール前に走っていてダイレクトで出すほうがゴールにつながるかもしれないこともある。

サッカーは認知、判断、実行が何よりも大切で、それを頭と体を使って高速回転しなければならないから、最初から決まり切った状況だけで練習することの価値は低いと思うんだ。

だから僕は、サッカーのトレーニングは「サッカーで起こりうる状況でのメニューをしよう」といつも話しているんだよ。

ウォーミングアップ一つとっても、サッカーに必要な体のコーディネーション能力を高めることを狙いとしたメニューにするとかね。

サッカーで求められる体の強さを鍛えるもの、サッカーで求められる賢さを養うものがいいということだね。そういうことを理解したうえで、ドリブルの練習をするなら意味があると思うよ。

息子の志有人も先日、「サッカーはサッカーでしかうまくならない」と、僕と同じことを話していたんだ。

プロ選手になって、筋力トレーニングであったり、ほかのスポーツや運動、あらゆるものがサッカーにつながるというアプローチもすごく大切だけど、競技の技術的な部分は試合のなかで得るのが一番だっていう話だったよ。

リフティングによって繊細なボールタッチが身につくことは否定しないけれど、サッカーにはリフティングが必要な状況はないし、ドリブルであっても、自分が得意な形でいつも仕掛けられるわけじゃない。

むしろ、自分がやりやすい形やタイミングじゃないことのほうが多いわけだから、そのときに状況を考えて、判断して、何を実行できるかが大切なんだ。

リーグ戦の本当の重要性を知れ！

サッカーはサッカーでしかうまくならないと話したけど、その試合の〝中身〟もすごく大事だよ。

僕は、育成年代において「リーグ戦か、トーナメントか」みたいな議論が起こるのが不思議でならないし、どう考えてもリーグ戦のほうが価値のあるものだと信じている。

負けたら終わりのトーナメントや、1〜3日の短期決戦の招待試合ばかりでは、腰を据えたトレーニングや強化のサイクルを回すことができないんだ。

それに、「勝利」や「優勝」が目的になってしまうから、指導者も選手の「成長」を目的とした出場機会を増やすことができなくて、いつも同じようなメンバーだけで戦ってしまう勝利至上主義が横行するんだよ。

試合の中身のどういうところが大事かというと、試合、練習、試合というサイクルを通して修正ができることにあるんだ。


市川ガナーズには分析担当アナリストがいて、試合映像を元に課題を見つけたり、対戦相手の対策を立てたりしている。

トーナメントや招待試合であれば、同じチームと戦うことはないから必要ないと思うけど、U－11プレミアリーグは必ず同じ相手と2回戦うから、対策がすごく重要になるんだ。

日本は、育成年代にかぎらず、試合中に相手のプレーを見て修正したり、弱点を突いたりする能力が低いとされているんだけど、その一因は、育成年代から相手の特徴をスカウティングして、対策を立てて試合に臨む経験が少ないことにあると思っているよ。

相手の特徴を踏まえたサッカーをすることがないから、どんな相手に対しても「自分たちのサッカーをしよう」という言葉が使われるんだ。

サッカーは、自分たちだけでやるものじゃないよね。必ず相手がいるものだし、相手に対抗しながら自分たちの特徴をどのように出せるかを考えることが大切なんだよ。

現状では、育成年代から何百試合も経験しているヨーロッパの選手と日本の選手に大きな差が生まれてしまうのは必然なんだ。

リーグ戦の本当の意味はまさにここにある。その理解が日本に広まったとき、子どもたちは今よりもっとうまくなるし、日本サッカーは必ずレベルアップできる。魔法のトレーニングなんてない！

ケン語録
#25

世界で勝てる日本人になれ！

これからはサッカー型社会を生き抜け！

第1章でいきなり「日本人はサッカーに向かない」と話したよね（笑）。サッカーは、和を尊ぶ儒教的な思考の日本人の発想には合っていないんだと。その対比として、日本型社会を象徴するものが野球だ、という例をあげたね。監督の指示を無視したことで怒られた僕自身の経験から、日本の会社組織の縮図だってね。

もちろん、極端な話だってことはわかるけど、どちらかと言えば、日本人はこれまで〝野球型社会〟で生きてきたと思う。でも、その時代は終わりを迎えている。

現代は、自分で考えて、判断して、行動して、成果を出すことが求められる。クリエイティブに生きなくちゃいけないんだ。

実は、それはサッカーでも一緒だ。

一昔前のサッカーは、野球と同じようにピッチでは監督が決めた通りのプレー、指導者から与えられたタスクの実行だけを求められたけど、今は違う。サッカー

サッカー型組織と野球型組織の違い

も現代社会と同じように、認知、判断、実行が何よりも大切な能力だよ。

野球型社会から〝サッカー型社会〟への転換。この重要な時期に、親も指導者も、子どもたちに何を指し示せるかを考え続けないといけないよね。

大人から何かを言われるまで動けず、「こうしなさい」と言われて、盲目的に従ってしまっていないかな。サッカーの練習で、いつもコーチに正解を聞きに来てはいないかな。

もし、そんな子どもを前にしたら、本書で伝え続けてきたように、一生懸命に向き合ってほしいんだ。サッカーは楽しいよね、自由だよね、やらされて続けるものじゃないよねって。

そうやって子どもと向き合えたとき、日本人はようやく世界と対等に戦えるんじゃないかな。

日本人はサッカーには向かないけれど、逆に言えば、与えられたタスクを忠実にこなせる能力をもっている。これはやっぱり、デメリットじゃなくて日本人の良さだから、そこを生かしたサッカーが必要だと思うんだ。

すべて先進国の真似ではなく、日本人の良さを生かした新しい選手を育成していくこと。それが僕自身のミッションだと思っているよ。

勝負しないで逃げるな！

「日本人の良さを生かした新しい選手」って、どんな選手かな？　僕は、アジリティ（敏捷性）をもつ選手だと思っている。すばしっこさは、外国人選手より優れているからね。

でも、多くの選手はアジリティを言い訳にしている気がする。「フィジカルで勝てないから、それを武器だってことにしておこう」という感じだね。

日進月歩の世界のサッカーでは、フィジカルが鍛えられていることは当たり前なんだ。そのベースに加えて、それぞれの特徴を出さなくちゃいけない。だから、真正面からぶつかることを恐れていたら、日本人は永遠に海外の選手からボールを奪うことはできないよ。

今は、良いトレーニングがあればすぐ世界中に共有される。バルセロナの素晴らしいトレーニングをいち早く取り入れられるなんて最高だよね。そうやって最先端の練習メニューやメソッドが広がっていくから、日本人の選手や指導者も、どんどん海外に目を向けられるようになった。だけど、それらが手段だということを忘れてはいけない。

フィジカルを鍛えることも、そのうえで技術や戦術を備えていくことも、方法論はいくらでもあふれている。でも、何より大切なのは、プレーの目的や原動力だ。

たとえばオランダでは、ウインガーを攻撃の核に据えた「4－3－3」システムが、その導入から50年近く経った今でも大事にされている。それは、素晴らしいウインガーが育つからであり、その理由には、前へ前へと向かう彼らの精神性や文化的背景が関係していると思う。つまり、彼らは自分たちの良さをきちんと理解したうえでプレーしているんだ。

じゃあ、日本人は何を原動力にすべきか？　僕は、新型コロナウイルスで、法的な強制力がなくても自粛できていたようなメンタリティだと思う。ルールを守る、やるべきことをやり抜ける、集団の中で役割をはたせる。そうした背景が選手を育てていくものだからね。

日本人の良さは、アジリティとメンタリティ。あとは、恐れずにぶつかっていける強さが加われば、日本人は、世界に挑むための本当の武器を手にすると思う。「失敗したらコーチに怒られる」って、逃げたくなることもあるよね。でも大丈夫。チャレンジに対して怒る指導者がいけないんだ。失敗しても、何度もトライしていい。

恐れずに、逃げずに、何度も勝負をしかける。それが、世界で勝つ秘訣だ！

ケン語録
#26

ロッカールームで泣くな！

グッドルーザーは常に前を向く！

みんなはスポーツの試合で負けて涙した経験はあるかな？

一生懸命に戦って、ぶつかって、真剣勝負の先に敗れた経験は、そのあとの人生の大きな財産になると思う。

僕は負けのなかからしか学べないものがあると思っているし、敗北して、それでも立ち上がって前に進む選手を見るたびに、これこそがグッドルーザー（良き敗者）だと痛感するんだ。

でも、日本ではグッドルーザーがなかなか生まれない。リカルド・ロペスは、甲子園の中継を見ていたときに疑問を抱いていた。

一つは、みんなが坊主頭だったこと。右にならえで全員が同じ髪型を強制されていることが信じられない様子だったね。そしてもう一つは、敗れた選手が泣きじゃくる映像をずっと流していたことだった。

「高校サッカー選手権もそうだけど、これほどひどい光景がずっと放送されているのに、なんで誰も何も言わないんだ。ヨーロッパならすぐに訴訟が起こって大変なことになるぞ！」

高校生の敗北を大きなドラマとして流して、視聴者の共感や感動を得ようとする。まさにカタルシスだよね。勝利至上主義の結実とも言える光景に、誰も何も疑問をもたずに、むしろ美談に酔いしれる。グッドルーザーを何人も見てきたリカルドからしたら、当然の疑問だろうね。

「勝利を求めて反省する気持ちは大切だ。でも、相手が強くて敗れてしまうことは仕方のないことなんだ。それをいつまでも引きずっていてはいけない。現実を認めて、きちんと受け入れて、『明日また頑張ろう』と切り替える。それがすべてじゃないのか」

試合に敗れて涙することがいけないんじゃない。むしろその感情は、とても大事なものだと思うんだ。でもそれは、選手自身のものであって、ただただお涙頂戴のストーリーとして中継されるようなものではないんだ。それに選手自身も、まるでこの世の終わりかのように、いつまでも泣き崩れたまま立ち上がれずにいる。この光景には僕も疑問しかないんだ。

負けたのは相手が強かっただけ。長いサッカー人生のほんの入り口に立っている選手たちは、負けたって明日からまたピッチに立てるんだ。

グッドルーザーは、常に前を向いて歩くものなんだよ。

育成年代のスポーツは視聴者のためにあるものじゃない！

第1章で「常識と言われるものを疑え！」という話をしたよね。日本で過ごしているとなかなか気がつかないけれど、世界の標準ではむしろ非常識なことは世の中にたくさんあるんだ。

その一つが、僕は日本のスポーツの位置づけだと思っているんだ。とくに「学校体育」だね。ヨーロッパの多くの国では学校に体育がなくて、スポーツは地域のスポーツクラブで行うものという考え方が一般的なんだよ。

じゃあ、どうして日本には学校体育があるんだろう。それは70年以上も前に、日本が推し進めた政策に原因があったんだ。戦後の日本政府は、学校にグラウンドや体育館、プールなどをつくらせて、ドイツが実践していた軍事教練を持ち込んだ歴史があるんだ。みんなは、スポーツの語源を知っているかな？　それはラテン語の「デポルターレ（Deportare）」という「気晴らしをする」「楽しむ」「遊び」という言葉に由来しているんだ。

ところが、日本では学校にスポーツを入れてしまったために、本当だったら異なる目的をもつ「教育」と「遊び」が一緒にされてしまった。

たしかに体育を通して平等にスポーツをする機会を与えられた。でも、その一方で教育色が強くなって、先生が成績や進路の権限を振りかざして生徒に修行のような練習をさせたり、体罰だったりが生まれてしまった。

日本のその状況は改善されてきているとはいえ、いまだになくなってはいない。僕は小さい頃から、そうしたことに違和感を覚えていたんだよ。

１００年以上の歴史をもつ甲子園に始まったトーナメント主義も、結局はその延長にあるものでしかないよね。

勝っても負けても、そこに悲劇がある。勝てば天国、負ければ地獄なんて、育成年代の子どもたちのスポーツとしてはありえないんだよ。

でもね、みんなそのことに疑問をもたないから「涙のロッカールーム」が、高校サッカーの象徴的な光景になったんだ。すべての育成年代のスポーツは選手のためにあるものであり、選手自身が等しく主役であり続けないといけない。

試合に敗れて涙する。それは、選手にとっては、「相手に敵わなかった」という事実を受け入れなければならないことを意味するし、周囲の大人にとっては、本当の意味で彼らに寄り添って、その未来を照らしてあげないといけないんだ。

日本のスポーツが置かれている現状は本当に根深い問題ばかりだよ。

もちろん、僕が何度も例にあげているヨーロッパでも、その国なりの課題があると思う。でも、少なくともサッカーは選手のためのものであり、サッカーを楽しむ人のためのものであり、地域や地元民すべての人のためのものなんだ。そこに「教育」の要素は入っていない。みんなが、遊びを楽しむものとして存在しているんだ。だから僕は、そうではない日本のスポーツの現状を一つひとつ変えていきたい。

ロッカールームで泣く選手を黙って見ているままじゃダメだ！

ケン語録
#27

勝ちたければ相手を見て戦え！

サッカーを見る〝目〟を養え！

ここまで読んでくれた人には、もう僕の考え方がだいぶ浸透しているよね。そのなかで一番大事にしてきたのは、本書のタイトルにもある「パッション」だけど、大前提にあるのは「世界」という基準なんだ。

日本がこのまま進んでいった先に、世界の舞台で輝ける人材がどんどん輩出されるんだろうか。僕は疑問に思っているよ。だからこそ、僕自身が海外で体験してきた話や、外国人のエピソードを散りばめてきたつもりなんだ。

僕はこれまで43カ国に出かけて、その先々でサッカーに触れてきたけど、日本で見ることができるサッカーとはまったくの別物だった。リフティングを一生懸命やる選手なんていないし、コーンでドリブルをしたり、ラダーをやったりする人はいなかった。

もちろん、手段の一つとしてトレーニングに組み込むことはあるよ。でも、それ自体が目的であることは皆無だし、みんな「サッカーはサッカーでしかうまくならない」ことを知っているんだね。

時間があれば友達を呼び出して公園でサッカーをやるんだ。一人でやる子なんていないよ。

だからみんな、コミュニケーション能力も高い。サッカーは一人じゃできないし、みんなで楽しむことこそが、サッカーの、そして社会を生き抜くことの本質にあるからね。

じゃあ、日本が世界に出ていくためには何が必要なのか。その一つが、試合をたくさん見ることだと思うよ。もちろん、現地に行って、肌で感じることが一番だけどそれには限界がある。

でも今は、ヨーロッパも南米もアジアも、世界中の試合を中継で見ることができるよね。子どもと大人のサッカーは違うから見ないという子も増えているけど、それは間違いだよ。いいサッカーを見れば、そこには必ず自分のプレーのヒントがあるからね。

海外の選手は、そうやって学ぶ機会が普段の生活のなかにある。親や指導者と試合に行って、理想のサッカーに触れながら、テクニックや戦術、プレービジョンを高めているんだ。

サッカーにはリズムがあるから、1試合を通した変化を読み解くことも大事だね。だから、ユーチューブのダイジェストだけじゃなくて、フルマッチを見てほしい。試合の流れを感じながら、サッカーを見る〝目〟を養ってほしいんだ。

その先に、きっと自分の理想とするプレーがあるし、世界で戦う姿が待っているんじゃないかな。

世界基準を無意識レベルで実行しろ！

僕は本書のなかでも、これまでもずっと、トーナメントじゃなくてリーグ戦の重要性を発信してきた。それは世界中のサッカー文化に触れて見つけた答えの一つでもあるからね。

世界のリーグ戦文化は日本よりはるかに進んでいるからこそ、10歳の子どもであっても、いわゆるサッカー知能がすごく高いんだ。

彼らは、日常的なリーグ戦をホーム&アウェイで戦うんだけど、同じ相手と2

回戦うなかで、試合を振り返り、分析をして、再戦する。そういう積み重ねが8歳から蓄積されて、個人戦術が育つんだね。

自分は日本最大の私設リーグを立ち上げたけど、その効果は少しずつ出てきているとも感じているよ。

2016年のワールドカップ・ロシア大会で日本がベルギーに逆転負けを喫した翌日、市川ガナーズの6年生の数人が僕のところに来たんだ。日本のコーナーキックを相手のゴールキーパーがキャッチして、ケビン・デ・ブライネ選手からカウンターを仕掛けて、瞬く間にゴールを奪われてしまったよね。その場面の話をもちかけてきたんだ。

「あのときの山口蛍選手の対応はよくなかったよね？」

試合を見る目が養われてきたんだろうね。僕がどう対応すれば良かったと思うかと問いかけたら、子どもたちはさらにこう答えたんだ。

「デ・ブライネがドリブルを始めた瞬間に、山口は奪いにいくんじゃなくて、ペナルティエリアまで引いて、ほかの選手が戻るのを待てば良かったんだよ」

きっと、あの場面のミスを、山口選手自身も悔やんだと思う。

でも彼は、とっさにそのプレーを判断して、実行したんだ。あれだけの大舞台で的確な判断を下すのは簡単じゃない。トップ選手だって、アドレナリンが出た状態では冷静さを欠くこともあるし、そういう間違いを犯してしまう。

でももし、彼が小学生の頃から意識をもって、無意識の判断でも正しく対応できるようにトレーニングしてきたら、結果は違ったんじゃないかな。僕は話しかけてきた子どもに、こう伝えたんだ。

「今のキミたちが大人になったら、無意識レベルでできるはずだよ」

サッカーに対する価値観も、プレー一つひとつの選択基準も、ましてや世の中を変えることも、一朝一夕でできるものじゃない。でも、今の子どもたちには計り知れないほどの可能性があるんだ。

世界を舞台に戦いたかったら、世界基準で戦うしかない！

ケン語録
#28

あきらめない勇気をもて！

自分だけは自分を信じろ！

第4章は「サッカーの概念を変えろ！」というテーマで話してきたけど、最後に2人の選手のエピソードを紹介するね。

その話を通して伝えたいのは、サッカーの概念だけじゃなくて、自分のなかの固定観念や自分で決めつけている限界をぶっ壊せということだよ。

1人目は、湘南ベルマーレの三幸秀稔選手。ヒデと最初に出会ったのは15年以上前、彼が小学5年生のときだった。市川市のグラウンドで見て、小さいけど抜群にセンスがある選手だと思ったんだ。

その後、ヒデは志有人と同じくJFAアカデミー福島に進んで、18歳のときにヴァンフォーレ甲府に加入したんだ。そこでいきなり活躍したけど、終盤に右足の前十字靭帯を損傷する大怪我を負った。1年後に復帰したものの、うまくフィットできなくて契約満了となり、J3のSC相模原に移籍したんだけど、上のカテゴリーを目指して1年で退団を選んだんだ。

そのときに、うちの草サッカーチームでコンディションをつくっていて、良い刺激になればと思って連れて行ったフットサルチームでの練習中に、左足の前十字靭帯を切ってしまった。僕の責任だし、すごくショックだった。でもヒデは、そんな僕にこう言い放ったんだ。

「ケンさんには感謝しているよ。この怪我は自分の責任だから。ケンさん、さすがに両足をやってしまって、僕はもうダメだと思っているでしょ？　でも、僕は絶対にあきらめないよ。必ず復活しますから。だから、リハビリをまた手伝ってくださいね」

所属先がない彼は、やっぱり僕らの草サッカーチームに顔を出して、苦しいリハビリを乗り越えて、2016シーズンにようやくレノファ山口で復帰した。

そこからは、まさにシンデレラストーリーだよ。加入初年度からレギュラーになって、数カ月後に入ってきた志有人や、その前からプレーしていた小池龍太選手と共にレノファ旋風を巻き起こしたんだ。次の年にはキャプテンに就任し、2年間先頭で戦って、今年ついに湘南に進んで、J1へと復帰した。

僕でさえ、プロ生活はもう厳しいんじゃないかと思ったのに、ヒデ自身は自分を信じてやり切って、華やかな舞台に舞い戻ったんだ。

あきらめない勇気こそパッションだ！

もう一人は、さっき登場した小池龍太選手。龍太は、志有人やヒデの2歳年下で、ＪＦＡアカデミー福島の第3期生なんだけど、18歳のときにレノファ山口に加入したんだ。

当時のレノファはＪＦＬだったし、給料も決して満足のいくものじゃなかったけど、踏ん張っていた。それでも最初は馴染めなくて、「キツいっす」ともらしていたこともあったね。でも、龍太にある選択肢は2つだけ。やめるのか、続けるか。龍太はこう言ったんだ。

「やめたくない。やり切ります！」

そのあと、すぐにレギュラーをつかんで、優勝してＪ3に昇格し、さらにＪ2に上がって、そこで志有人やヒデとともに輝いて、柏レイソルへと移籍できた。

しかも、いきなりスタメンを手にして活躍し、昨シーズン途中に当時ベルギー1部のチームへと羽ばたいていった。ＪＦＬから始まって、Ｊ3、Ｊ2、Ｊ1、ベルギーと、龍太は5年連続で〝個人昇格〟した日本で初めての選手なんじゃないかな。

残念ながら、そのクラブは、今回のウイルスの影響で、財政難となり倒産してしまったけど、2020年5月28日に、横浜F・マリノスへの完全移籍が発表されたんだ。龍太ならきっと、新しいステージでも頑張れると信じているよ。

ヒデも龍太も、自分を信じて、あきらめなかったから今があるんだ。でも、彼らの話は、決して特別なものじゃなくて、多くのJリーガーの華やかな姿の陰にはこうした苦労がたくさんある。2万人に1人しか行けない舞台は、順風満帆ではつかみ取れないものなんだ。

彼らの姿から学ぶものは、最後は自分しかいないということだと思う。

99%は負ける勝負であっても、やり続けないと1%の可能性さえもなくなるよね。最後の最後まであきらめない勇気をもてるかが大事なんだ。

何度、打ちのめされても夢と希望を捨てない。そこにあるのは、サッカーが本当に大好きな気持ち、つまりパッションだ！

第5章

新時代の新モデルをつくれ！

PASSION

How to raise children who survive the new world

ケン語録
#29

ソフトよりもハードに投資しろ！

空き地を活用しろ！

僕が代表を務める市川ガナーズは人工芝の専用グラウンドをもっている。大人用では1面、少年用だと2面がとれる広さだ。照明も完備していて、クラブハウスもある。

僕は今でも年間50試合以上はプレーしているけど、つねにグラウンド不足と戦ってきた。日本はヨーロッパに比べると、グラウンドの数が少なすぎるんだ。

首都圏にはそもそも空いている土地が少なく、グラウンドをつくるには膨大なお金がかかる。だから、どうしても学校や自治体の施設に頼らざるをえないんだ。

僕は、日本のサッカーが上に行くためには何が必要かをずっと考えていた。結論としては、サッカー人口を増やすしかないと考えている。ＦＩＦＡランキングで10位以内に入るような国は、サッカー人口÷人口という比率がとても高い。トップ10の国はどこも6～8％なのに、日本は3・8％しかないんだ。

日本中の至るところにグラウンドがあって、サッカーを日常的に楽しめる環境ができれば、辞める人は減り、必然的にサッカー人口は増えるよね。

FIFAランキングとサッカー競技人口比率

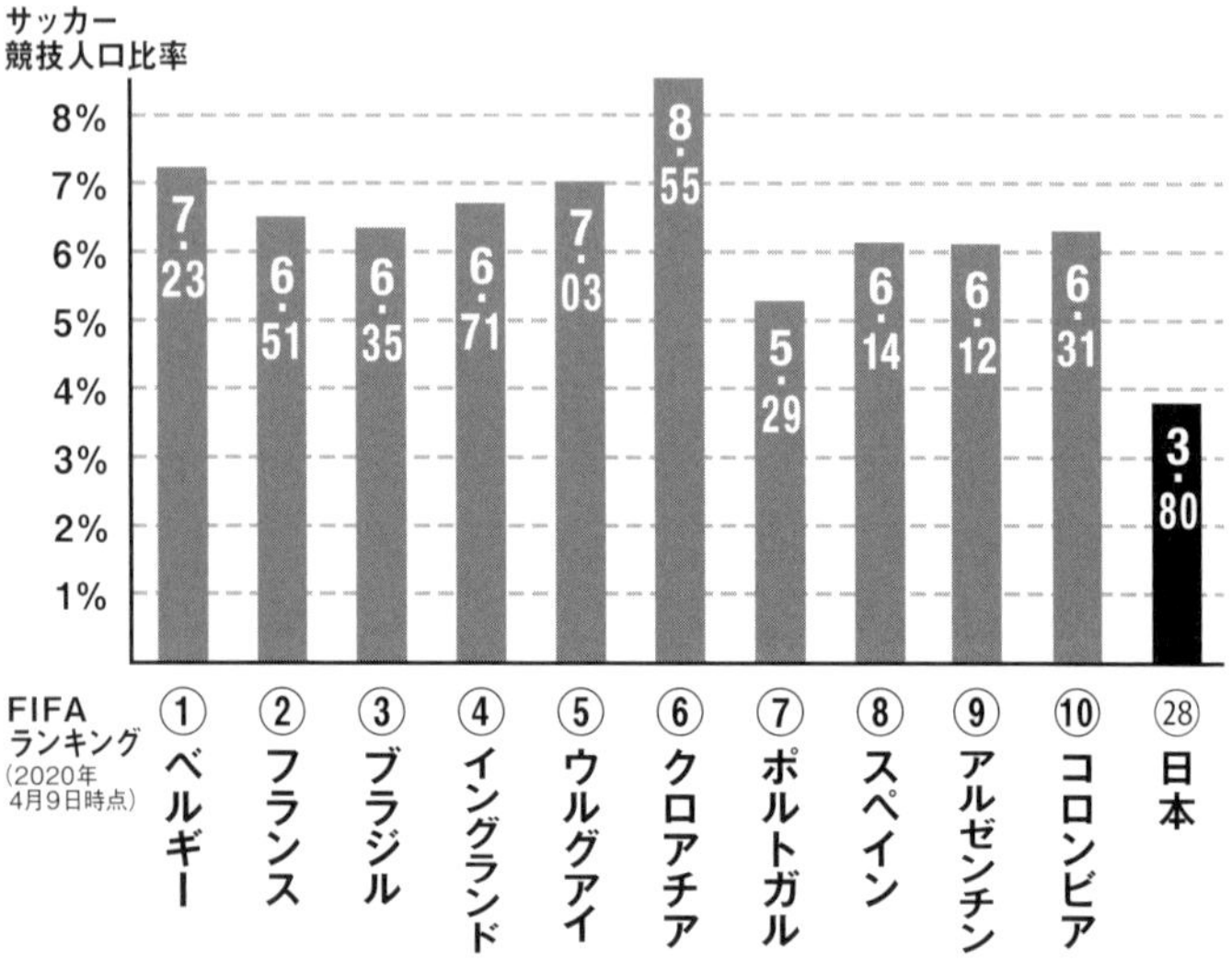

運命的な出会いがあったのは、2013年だ。サッカーグラウンドをつくりませんか——。そんな相談が千葉県市川市の関係者から持ち込まれたんだ。

サッカーグラウンドの候補地は、もともとは大量の雨が降ったら洪水になってしまう場所だった。

工事をして洪水の心配はなくなったにもかかわらず、何にも活用されない〝遊休地〟になっていた。市川市としては、未使用の場所を整備してスポーツ施設をつくりたいということだった。

第5章
新時代の新モデルをつくれ！

僕たちが用いたのは、1992年にイングランドで生まれた「PFI（プライベート・ファイナンス・イニシアティブ）」という手法だった。公共施設の建設や運営について、民間の資金や技術を活用するというものだ。

税金を投入しないので、自治体の負担もかからないし、建設までのプロセスも大幅に短縮できる。当時、PFIはすでに日本には入ってきていたけど、スポーツ施設に応用された例はほとんどなかった。

グラウンドの建設費となる1億5000万円は、「民間ファンド」をつくって出資者を募った。

一般社団法人・市川市スポーツクラブが管理運営をして、アーセナルサッカースクール（現・市川ガナーズ）に業務委託する。僕がスクールを運営して利益を出し、市川市スポーツクラブを通してファンドにお金を返していく。

この仕組みは、関わるすべての人たちにとってメリットがある。市川市は遊休地だった場所から賃借料が得られる。市川市民はスポーツを楽しむことで健康が維持できる。市川ガナーズはスクール事業でビジネスをする。ファンドの出資者は利息を得られる。これは国内のほかの場所でも応用ができるはずだ。

まずはグラウンドをつくれ！

僕たち市川ガナーズのチームでは、月謝を2万6000円に設定している。これはおそらく日本で最高クラスの金額だろう。民間ファンドに返済していくには、しっかりと利益を出さなきゃいけない。

インターネットでは「金満クラブ」と言われることもあるけども、高いかどうかはマーケットが決めることだよ。金額に見合った価値を出せなければ、選手はこないのだから。

日本では、僕らのように専用グラウンドをもっているクラブは珍しい。でも、ヨーロッパでは、サッカークラブがグラウンドとクラブハウスをもっているのは当たり前なんだよ。

昔、イングランド人コーチを河川敷のグラウンドで行われるサッカーに連れて行ったときのことだ。彼は着くなり僕に聞いてきた。「おい、ケン。どうして土なんだ？　更衣室はどこだ？」と。そして、「こんな場所じゃ、サッカーはできない」と帰ってしまった。僕は、芝と更衣室が当たり前のようにある、ヨーロッパのサッカー強豪国との環境の差を痛感させられた。

日本ではサッカークラブをつくるときに、まずはトップチームから立ち上げる。選手を集めて強化して、カテゴリーを上げていこうとする。

でも、途中で壁にぶつかって、うまくいかなくなるケースをたくさん見てきた。順調に昇格できなければ、スポンサーもつかないし、選手も離れてしまうからね。

僕はそもそも順番が逆だと思っているんだ。まずはグラウンドをつくる。いい環境があれば、いい選手は集まってくるし、いいコーチも呼べる。そうやって、だんだんカテゴリーを拡充していけばいい。

市川ガナーズは、２０２０年に市川サッカークラブと業務提携を行った。トップチームを創設して、Ｊリーグ参入を目指すことを表明したんだ。最短で5年後のＪリーグ参入を掲げている。

でも、必要以上に焦ることはないと思っているんだ。僕たちはスポンサーがつかなくても、スクール事業でしっかりと収益を上げているからね。

強いクラブをつくるなら、ソフトよりもハードに投資しろ！

ケン語録
#30

ショートケーキの土台をつくれ！

育成年代こそプレーモデルが必要！

僕は育成年代のクラブにこそ、プレーモデルが必要だと思っているんだ。

プレーモデルというのは、「どうやってプレーするか」という方向性を示すこと。僕が説明するときは、「ショートケーキの土台のようなもの」と言っている。上に乗っている「イチゴ＝個性」を生かすためには、土台がしっかりしていなきゃいけないからね。

この言葉はヨーロッパではずっと前からあったけど、日本ではまだまだ一般的になっているとはいえない。どんなサッカーをしたいか、クラブで共通理解がなくて、監督やコーチの頭の中にしかないから、その人がいなくなったらガラッと変わってしまうんだ。

Jリーグのように結果が求められるトップチームだったら、監督によってサッカーが変わるのは仕方ない面もある。

だけど、育成年代の目的は選手を伸ばすこと。そのためには、チームが目指すべきサッカーと、良いプレーと悪いプレーの基準を示してあげないといけない。

市川ガナーズの場合は、「ポジショナルプレー」と呼ばれる、ボールを大事にするサッカーを目指している。それに基づいて、攻撃や守備における原理原則を決める。基本ルールのようなものだ。

こういうと、「選手を型にはめているんじゃないか」と考える人もいるかもしれない。自由を奪っているんじゃないかってね。でも、それはまったくの誤解だ。むしろ、プレーモデルがあるからこそ、個人のアイデアがより引き出されるんだよ。

サッカーの試合中は「相手、味方、スペースを見る」→「プレーを選択する」→「アクションを起こす」という認知、判断、実行のサイクルを繰り返している。チーム内の共通理解があることで、認知、判断、実行のスピードが上がり、より多くの選択肢をもてるようになるんだ。

UEFA PROコーチライセンスを持っている数少ない日本人の一人で、今は九州産業大学サッカー部監督の濱吉政則さんは、僕のユーチューブチャンネルで対談したときに興味深いことを言っていた。

濱吉さんがヨーロッパで育成現場を見てきて感じたのが、どこの国にもベースとなるプレーモデルがあることだった。もちろん、まったく同じではないのだけど、ドイツならドイツ、オランダならオランダで、基本的な原理原則は共通していたそうだ。

ヨーロッパから優秀な選手が次から次へと出てくるのは偶然じゃないんだ。育成年代からプレーモデルがあるから、サッカーへの理解も深まる。

これからの時代を担うサッカー選手をつくるには、プレーモデルのなかで育成していくことが必要だと思っている。そうすればヨーロッパでも評価される選手が出てくるはずだ。

サッカー版の通信簿をつけろ！

もう一つ、市川ガナーズでは選手ごとに細かくプレーの評価を行っている。「テクニック」「タクティクス」「フィジカル」「メンタル」の項目ごとに評価している。まさしく通信簿のサッカー版だ。

良いプレーと悪いプレーの基準がチーム全体として統一されているから、コーチの主観によって評価が大きく変わることがない。

たとえば、保護者から「うちの子はどうしてスタメンで出られないんですか?」とコーチが聞かれたとしても、明確に答えられる。プレーモデルがあることが、選手や保護者との良好な関係にもつながっているんだ。

また、クラブとして用語も統一している。

たとえば、僕たちは「ドリブル」という表現は基本的にしない。ドリブルのなかでも、ボールを運んでいくことを「コンドゥクシオン」、相手からボールを守ることを「プロテクト」、相手を突破することを「レガテ」と目的別に分けているんだ。

市川ガナーズのテクニカル・ダイレクターを務めていたリカルド・ロペスの母国であるスペインでは、サッカーに関するあらゆるアクションに名前がついているんだ。共通言語があることによって、指導の現場で認識のズレが起こりづらくなるし、選手たちの技術や戦術の習得も早くなっていくんだ。

僕たちがやっているのは、決して最先端のことじゃない。ヨーロッパのようなサッカー先進国では当たり前にやっていることなんだ。

世界に追いつき、追い越すためにも、早く日本全体でスタンダードになってほしいと思っている。

簡単に崩れないショートケーキの土台をつくれ！

ケン語録
#31

全員を出したほうが強くなる！

長い目で育成を考えろ！

公式戦の少ない小学5年生にリーグ戦の経験を積ませる目的で、2015年からスタートしたプレミアリーグU－11では「試合に出られない選手をつくらない」ためのルールを採用しているんだ。

詳しく説明すると、1試合は15分ずつの3ピリオド制で、全員が1ピリオドは必ず出場する。1ピリオド目と2ピリオド目で全選手を入れ替えるというルールでやっているところもあるけど、それだと8人×2ピリオドで16人が必要になる。人数が少ないチームだと3、4年生を連れてこなければ試合が成立しなくなる。それでは選手のためにもならない。

だから、プレミアリーグU－11は1試合に12人以上は連れてきて、連れてきた選手は必ず1ピリオド以上は出場させるというルールにしたんだ。

中心選手が3ピリオド全部に出ることもある。上限は設けず、下限を決めて、全員に最低限の出場時間を確保しているんだ。

子どもたちが何より望んでいるのは、試合に出ることだからね。ただし、全選手が出るからって勝てなくなっていいわけじゃないよ。全員出場でも最強を目指さないとダメなんだ。

ちょっとクイズを出すね。戦力が同じ2つのチームがあって、毎月1回試合をするとしよう。Aはレギュラーしか出さない。Bは全員を出す。1年後、どちらのチームが勝つと思う？ よく考えてみて。

正解はBなんだ。驚いた人も多いんじゃないかな。うまい選手だけを出すほうが勝てるんじゃないかって思うよね。もちろん、最初の2、3カ月はAが勝つよ。でも、3カ月、4カ月、半年と経つ頃には、AとBの力関係は逆転していくんだ。どうしてだろう？

全員を出すBは、うまくなかった子たちが、試合に出ることによって成長していく。チーム内での底上げが進めば、うまい選手も刺激になる。練習の質が高くなるんだ。

Aはうまい選手しか試合に出ないから、レギュラーとそれ以外の選手の差は開く一方で、チームの雰囲気も悪くなる。

2019年のチビリンピック関東大会で優勝した鹿島アントラーズ・ジュニア

は、U－11プレミアリーグにも参加している。優勝後に小谷野稔弘監督から連絡があって、「プレミアリーグU－11で選手全員を1年間、試合に出せたことでチームが底上げされ、一体感が生まれて優勝につながりました。全員出場の効果を感じています」と言っていたよ。すごくうれしかったな。

二律背反に挑戦しろ！

プレミアリーグU－11に参加している指導者とは、僕が全国を回って各都道府県の指導者を集めてミーティングを行っているんだ。

東京よりも地方のほうが、メンバーを固定して、うまい選手だけ試合に出るのが当たり前という風潮が強かった。

だけど、だんだんと指導者も、全員出場で勝つにはチーム内で下のほうの選手のレベルを上げて、チーム全体を伸ばさないとダメだという考え方に変わってきた。これはすごく大きな変化だと思っているよ。

市川ガナーズでは選手の出場時間をデータで管理し、小学生年代は全試合の40%以上に必ず出場できるようにしている。選手全員を試合に出して、楽しみながらチームを強くしていくというのが、クラブの育成メソッドにあるからだ。もちろん、中学年代、高校年代とカテゴリーが上がるにつれて、コンペティション（競争）の世界に入っていくから、競争原理が適用されていくよ。

うちに体が小さくて足も遅い選手がいた。ほかのクラブだったら、まず試合に出られないレベルだった。でも、小学2年生から3年間ずっと試合に出続けていたら、5年生で出場した大会でMVP級の活躍をしたんだ。

低年齢でサッカーがうまい子どもは早熟傾向にあるから、大きくなるにつれて差は縮まる、あるいはなくなっていく。だから、小学2年生の段階で体が小さいとか、足が遅いという理由で試合に出さないのはナンセンスなんだよね。

クラブや指導者に求められているのは、サッカーを始めた子どもたちが一生楽しく続けられるようにすることだ。

目先の勝利のために、誰かを不幸にすることじゃない。プレミアリーグU－11

を3ピリオド制で全員出場するルールにしたのは、すべての選手にサッカーの楽しさを味わってもらいたいからなんだ。

僕たち指導者には、選手に対する責任がある。長い目で見たときにサッカー界にとってどうなのかという、広い視点をもってほしいんだ。

全員を出しながら、強化を図って、チーム力を上げていく——。一見すると二律背反することを、その間でもがき苦しみながらやっていくのは、指導者としての経験値を高めるという意味でも大きい。

強くなりたいなら、全員を試合に出せ！

ケン語録
#32

大人の論理で子どもを縛るな！

移籍禁止なんてありえない！

数年前、僕のところに小学生の選手の親御さんから相談があった。ほかのチームに移籍しようとしたら、代表者から「この地区では移籍ができない」と言われたそうだ。そんなことがあるのかとＳＮＳに投稿したところ、たくさんの反響が寄せられた。

少年サッカーでは「移籍したら半年間は公式戦出場停止」といった、わけのわからないローカルルールが蔓延していたんだ。それらの建前は「引き抜き防止のため」となっているけど、自分のクラブの保身のためとしか思えないよね。戦力がダウンするとか、大会で勝てなくなったら困るとか。

そもそも、どうして選手が移籍したら「引き抜かれた」となるんだろう。自分のクラブに魅力がなかったと考えるべきなんじゃないか？　自分たちに足りないことがあれば、全力で改善して選手や親御さんに選ばれるクラブになろうと努力すればいいだけだよね。

発展というのは健全な競争があるところで生まれる。水が澱《よど》んでいるところに未来なんてないよ。

チームによっては、セレクションを受けるのに「監督承諾書」を求めるところもある。これがクセモノだ。そんなものを持ってこさせようとするから、所属クラブの監督に意地悪をされたり、クラブをやめてから受けなくてはならなくなる、ひどいところでは、勝手にクラブ同士で移籍をまとめたなんて話も聞く。プロ契約しているわけでもないのに！

日本サッカー協会はプレーヤーズ・ファーストをうたっている。だけど、育成年代の現場で行われている、選手の移籍に関する事柄は、プレーヤーズ・ファーストならぬクラブ・ファーストになっているのが現状だ。

もちろん、選手のためにプレーヤーズ・ファーストの精神で、選手の移籍を自由に認めている指導者もたくさんいる。でも、一部では選手の立場を無視した、クラブの都合や大人の都合を押しつけるケースもたくさんあるんだ。

リーグ戦と移籍の自由化はセット！

２０１７年に、日本サッカー協会から「移籍の申し出があった場合は、いかなる理由があっても速やかに登録抹消手続きを行うこと」という通達が出された。もしも、子どもが自由に移籍することができない状況が起こったら、泣き寝入りしないでほしい。

ただし、僕は移籍の自由を認めただけでは本当の解決にはならないと思っているんだ。本当の意味でプレーヤーズ・ファーストにするなら、移籍と年間を通じたリーグ戦をセットで導入するべきなんだ。

Ｊリーグをイメージしてほしい。Ｊ１、Ｊ２、Ｊ３とレベル別にカテゴリーが分かれている。リーグ戦にはクラブのヒエラルキー（序列）がある。年間を通じて自分のレベルに合った環境でプレーすることが、もっとも選手の成長につながるんだ。

でも、日本ではクラブの強さではなく、地域でブロックが分かれていることがほとんど。強いチームも弱いチームも、上手な子も上手じゃない子も同じリーグ戦に参加する。そうしたら何が起こるかわかるよね？　10－0のような一方的な差がつく試合が、何十試合もあるんだ。

ボコボコにやられた子どもは自信を失うし、サッカーをやめてしまうかもしれない。だから、クラブの強さに応じてレベルを分けたリーグ戦形式の導入を僕はずっと訴えている。

リーグによって移籍が活発になり、その選手にとってふさわしいチームでプレーできれば、仲間のレベルも近いし、対戦相手のレベルも同じくらいだから、大差のつく試合は起こらず、拮抗した試合を楽しめるんだよね。

大事なのは、リーグ内で自由に移籍できるようにしてあげること。

たとえば、3部のチームで飛び抜けているエースがいたら、その選手は1部のチームに移籍する。逆に、1部の強いチームにいて、なかなか試合に出られない選手は2部のチームに移籍してレギュラーを狙うべきなんだ。

すべての選手が自分の居場所を見つけて、毎週末試合に出られて楽しく成長していったら、わが子を応援するサッカーママさんも楽しいよね。

全国のすべてのカテゴリーで年間30試合を戦うようなリーグ戦を整備すれば、すべての選手とサッカーママさんを幸せにし、強化の面でも今よりもっと素晴らしい選手が出てくるはずなんだよね。

僕は、すべての選手と関わる人たちを幸せにするために頑張っている。

一気に全部は変えられないけど、自分のできることを一歩一歩進めていくから応援してね。

第6章

自分の生き方は自分で切り拓け！

幸野健一 × 幸野志有人 親子対談

PASSION

How to raise children who survive the new world

ケン語録
#33

サッカーは人生のすべてじゃない！

1位にならなきゃプロになれない？

健一（以下 健） 志有人がプロになるまでの生い立ちを振り返っていこうと思う。そもそも「志有人」という名前は、サッカーをするために名付けたみたいだけど、志の有る人になってほしいという願いもあったんだ。子どもの頃、志有人にとってサッカーはどんな存在だった？

志有人（以下 志） どんな存在と言われても、物心ついた頃にはサッカーがあったからね。意識して誰かに教えてもらった記憶はないし、気がついたときにはやっていた感じだったよ。

健 小さい頃はよく近所の公園でボールを蹴っていたよね。友達を集めてやっていた遊びが最初だと思う。そこから幼稚園に入ったけど、その頃からサッカークラブでプレーを始めたことは覚えている？

志 もちろん、覚えているよ！ 幼稚園から小学生まではずっと同じチームだったけど、幼稚園にはサッカーをしに行っているような感じだった。サッカーと一緒に育った。小学校までは、サッカー以外の遊びをしていなかったね。

健　そういう環境がある幼稚園をわざわざ選んだんだよ（笑）。
志　毎日ずっと蹴っていたね。
健　公園で俺がシュートを志有人のお腹に当てて泣いちゃって、それを見た通りがかりの人が虐待と間違えて警察に通報しちゃったのは覚えてる？
志　覚えてるよ（笑）。真似しちゃダメだね。
健　それと、ヨーロッパの試合も中継とかでたくさん見たよね。もちろん、それは後の人生に役に立つから見ていたわけじゃないと思うけど、実際には、サッカーをたくさん見た経験は役に立ったと思う？
志　どうだろう。深く考えたことはないかな。
健　でも、好きなチームや選手はいたでしょ？
志　そうだね。子どもは90分も集中力が続かないから、フルマッチを見ているというか、好きな選手にフォーカスして見ていたと思うね。
健　志有人には、自分の価値観を押しつけないように意識していたんだよね。練習でも試合でもそう。試合後にプレーのことで怒ったことはないよね。そういう親の関わり方ってどうだろう。楽しくプレーできていた？

志　まあ、何か言われても、きっと言うことを聞かなかったと思うけどね（笑）。自分がやっているプレーは、それを自分で選択してやっている気持ちがあったから、親父に言われたとしても変えなかっただろうな。

健　それは、どうしてそういう意識になっていたと思う？　怒ったり、押しつけたりしなかったからそうなったのかな？　俺は子どものクリエイティビティを尊重するためにそうしたけど、サッカーにも育児にも答えはないし、100万通りの正解があるから、実際にどうなのかは、わからないんだよね。サッカーだけじゃなくて、普段の生活から自由だったでしょ？

志　うん、自由だった。でも、どうしてかはわからない。自分では今も昔も、やっぱり一つひとつの選択は自分で判断して、自分で決めてきたという気持ちがあるからね。でも、そうやって決めさせてくれる環境で育ったとは思う。

健　じゃあ、サッカー選手になりたいと強く意識したのは何歳くらい？

志　おごりというわけじゃないけど、そうなっていくものだと思っていたんだよね。それ以外のことをしている将来の自分を想像できなかったし、勝手に（サッカー選手に）なっていくものだと思っていた。だからじゃないけど、すべての勝負事に対して貪欲だった。試合の局面とかもそうだし、サッカーとは関係ない長距離走とかでもそう。それができたって、そこで1位になったって、プロになれるわけじゃないけど、逆に、そこで勝てなければプロにはなれないと思ってやっていた。結果的に、できたからプロになったわけじゃないだろうけどね。

中学時代の練習は壁当てばかり

健　将来の話が出てきたのが11歳とか12歳くらいだった。6年生でアルゼンチンのボカ・ジュニアーズにスカウトされたけど、今思えば行きたかった？

志　行けていたら良かったかもしれないし、面白い経験ができたと思うけど、自分だけではどうしようもないからね。アルゼンチンには行ったことがないから、今でも行ってみたいという気持ちがあるかな。

健　中学生と高校生も数百人が受けたセレクションで、小学生の2人だけが受かったんだよね。志有人と矢島慎也選手（ガンバ大阪）が。人生の岐路となるものだから、小学生だけでは難しい判断だよね。でも、志有人はそのときに、「プロになるために家を出たい」って言ったんだよ。覚えてる？
志 うん、家が嫌だったんだよ。冗談だけどね（笑）。
健 家を出て厳しい環境に身を置かないといけないと漠然と思っていた？
志 親父から、それが特別なことじゃないと言われていたのは覚えているね。
健 いろんなオファーのなかで、最終的にＪＦＡアカデミー福島を選んだのは？
志 小学生なりには考えたけど、そんなに深い理由じゃないかな。シンプルだったと思う。僕は歴史が好きなんだけど、織田信長のように、新しいことを取り入れる気持ちというか、アカデミーの1期生ということだったし、新しいことに対してのあこがれがあった。
健 実際に入ってみてどうだった？
志 全然、先進的なことはしていなかった（笑）。それは良い意味でもあったんだけどね。小学生ながら、お金をかけてつくったものだということはわかっていたし、変わったことをするだろうなと思っていたけど、そうではなくて。覚えているのは、中学3年生までの練習はほぼ壁当てだったこと。めちゃくちゃつまらなかったけど、結局はそれが一番大事だった。基本が大事だというのは、プロになった今もすごく思う。それはサッカーに関してだけじゃないけどね。

健　本当に壁にボールを当てるだけ？

志　うん、それを毎日30分から40分くらいやっていた。

健　でも、壁当てはめちゃくちゃ理にかなっているんだよね。うまくできないと戻ってこないし、距離感も大事だし、心拍数も上がるから。ＪＦＡアカデミー福島は基礎を徹底的にやったからこそ、そこを経てプロになった選手は技術が高いよね。ホームシックにはならなかった？

志　申し訳ないけど、それは一切なかった（笑）。それより「東京に帰りたい」はあったかな。福島は良いところだけど、やっぱり東京で育った自分の環境とは違う。カルチャーショックみたいなものがあったんだよね。地元の公立中学に通っていたけど、現地の子と仲良くなるのが難しかったし、１学年に15人が一気に入ったから、自分たちで固まってしまう。現地の子も、幼稚園からずっと一緒の仲間だったから、馴染むのは大変だったかな。

健　ＪＦＡアカデミー福島自体も、地域に馴染むのに10年はかかると言われていたけど、15年が経ってようやく今、馴染んできているよね。志有人は6年間のうち4年間いて、途中、16歳でFC東京からオファーをもらった。初めて練習に参加したときのことは覚えてる？

志　覚えてる。すごく運が良かったと思うな。自分の中にはエネルギッシュな部分がすごくあったから勘違いをしていた部分もあるけど、率直な気持ちとしては「やれるな」だった。こんなもんかじゃないけど、やれるなって思っちゃったんだよ。ある意味では、それがあったから契約できたのかも。

健　当時のJFAアカデミー福島の中田康人監督と見ていたときに、絶対ダメだろうと思っていたけど、実際に見たらめちゃくちゃ良かったから、監督も「たぶん契約できるんじゃないかな」って。あのときは物怖じすることなく無心でやれていたと思う。それで加入できたわけだけど、現実はどう感じた？

志　毎年、高校生とか大学生とかが練習に参加するけど、そのときは結構できるんだよね。お客様扱いされるし、プレーも知られていないし、本人もやる気に満ちているから、いつも以上の力を発揮できたりしてね。だから、かなりうまくいくか、全然ダメかのどちらか。シーズンを通して続けるところにプロとアマとは差があるんだよ。スタメンがほぼ日本代表みたいななかで、16歳がいきなり試合に出られるわけがないんだけど、練習生としてうまくできちゃったことで自分でも期待していたところがあって。挫折というか、初めて試合に出られないという経験がショックだった。今考えると当たり前のことなんだけどね。

選手にとっては試合がすべて

健　2年目に大分トリニータに移った。試合に出る機会を求める判断だよね。そこで初めてJリーグに出場。選手は試合に出てこそ成長するよね。

志　サッカー選手にとっては、試合がすべてだと思う。FC東京でチャンスを待つのもありだけど、確率で言えば明らかにそちらのほうが低い。だから環境は大事だね。FC東京はすごい選手ばかりだったから、自分もすごい選手になったような気になっていた部分はあると思う。若い選手は、そう思ってしまいがちなんだよね。ここにいれば、いつか勝手にそういう選手と同じようにプレーができて、給料をたくさんもらえると錯覚する。でもそうじゃない。

健 FC東京の前に、水戸ホーリーホックの監督もほしいと言ってくれていたから、最初はJ2への道もあった。試合に出られるかもしれないチームでチャンスをつかむべきか、J1のビッグクラブに行くべきか。難しい判断だとは思うよね。サッカーへの取り組み方や姿勢は、上に行けば行くほど素晴らしい選手がいる確率が高いから。下に入ると、そこが基準になってしまうかもしれないしね。志有人は、そういう先輩を基準にしたほうが良いと判断したと思うけど、実際には、そこで逆に(自分はできると)錯覚してしまった。そのときに初めて気づいた?

志 誰でもなるものかもね。その考えを改めるのは簡単じゃないかな。

健 金銭的な感覚も違うしね。昼飯で1万円とかが当たり前になる。

志 いや、それはないから(笑)。お金のことよりも、やっぱり試合に対してだと思うな。年齢とかも関係なくて、試合に出ないことに慣れるのがすごく恐ろしいことだと思う。それが当たり前になってしまうと、プレーの選択も変わってくる。だから、試合に出られる道を選ぶほうが良いのかなと思っているね。

健 後悔はしていない?

志　うん。選んだ先で何をするかが大事だから。誰かにこうしろと言われて決めたら違うかもしれないけど、移籍は自分の判断だしね。今考えると、できたことはもっとあったと思うけど、そのときは自分で最大限の努力をしたし、完全にうまくいったとは思わないけど、やれるだけのことはしていたと思う。

健　2009年のFIFA U-17ワールドカップは、宇佐美貴史や柴崎岳がいるメンバーのなかで、高校1年生としてただ一人出場したね。プラチナ世代と一緒にプレーしてみてどうだった?

志　自分が通用しているとは思っていなかったかな。1歳年下で選ばれていることにも、何でこの実力で選ばれているんだろうという気持ちがあった。「忖度で選ばれてるんだろ」とも言われていたしね。だから余計なことを考えていたし、正直すごく行きたくなかった。今となっては、そういう経験ができて良かったと思っているけどね。やっぱり上を知ることは大事だと思うし、小学生のナショナルトレセンとかの意味もそこにあるんじゃないかな。それまでは自分が一番うまいと思っていたけど、それは確実に違う。周囲にそうじゃないと言われたとしても、実際にうまい選手を見ていないからわからないんだよ。だから上を見て、自分よりもっとうまい選手がいると知ることは大事だね。ワールドカップのときもついていくのに必死で苦しかったというか、かなりキツかったことは覚えてる。

健　あのとき日本が戦ったブラジルのツートップは、ネイマールとコウチーニョだったね（笑）。チームメイトの宇佐美くんや岳くんもやっぱり違った？

志　宇佐美くんは次元が違うよね。でも逆に、彼はもうプロでやっていたから、そんなにすごいことじゃないという気もしていたんだよ（笑）。自分としては、その年齢のときにレベルの高い存在を知れたことが良かったかな。

健　今の日本代表の選手は志有人と同年代になってきた。中1の埼玉国際ジュニアサッカー大会では、暑いなかで1歳年下の中島翔哉とずっと1対1をしていた。翔哉は、サッカー小僧がそのままプロになった感じだよね。

志　あそこまでサッカーに振り切れるやつはなかなかいないと思うよ。言葉では簡単に言えるけど、実際にはできないから。サッカーが一番大事だけど、僕も性格的にはできない。彼はなるべくしてあのポジションにいると思う。

健　先天的な才能と後天的な努力はどういう割合だと思う？

志　身体的な特徴はやっぱり才能だよ。プロになればなるほど足の速さとか、めちゃくちゃ走れたりするのはね。

健　たとえば今、小学校のクラスで真ん中より足が遅ければプロは無理だよね。

志　でも、そういう才能は大事だけど、翔哉とか、長友（佑都）さんとかがそうであるように、あそこまで努力できる人はたどり着ける。

健　（FC東京時代に）長友選手と一緒に左足の練習をしてなかった？

志　いや、さすがに長友さんはもううまかったよ。でも、人一倍練習していた。足りていないもの、何を努力すべきかを理解できることも才能というか、それは考えてやっていなかったらできないと思う。プロ選手の多くは、それが意識的か無意識的かはわからないけど、考えられる人が多いと思う。

健　その話で言うと、俺はよく言われる「努力は必ず報われる」ということに対して思うことがある。間違った努力は報われないだろうなと。努力の入り口を間違えると意味がないと思うんだよ。日本人の多くは受動的で、コツコツと努力すればいつかは成功すると思っているけど、しっかりと考えないといけないね。

志　それはサッカーに関してだけじゃなくて、生きるためにも必要だと思う。新型コロナウイルスの影響が大きい最近の状況は、まさにそう。Jリーガーのなかでも差はあるし、よりレベルが上の選手はそういう考える能力が確実に高い。

プロ選手を続けるのは簡単じゃない

健　志有人は大分トリニータ、町田ゼルビア、V・ファーレン長崎、ジェフユナイテッド市原・千葉、Jリーグ・アンダー22選抜、レノファ山口、オーストラリアでプレーした。この11年間は長かった？　短かった？

志　長くもあり、短くもあるというか。うーん、短かったかな。って、なんか引退したみたい（笑）。これはサッカー選手にかぎったことではないだろうけど、時間はあっという間に過ぎていくよね。自分が子どもの頃に思い描いていた27歳とはまったく違う。でも、自分ではめちゃくちゃ苦労してきたと思うし、もっとサッカー選手として成功できたら良かったとも思うけど、挫折やさまざまな経験で得たものがあるよ。いろんな監督から指導を受けて、いろんな選手と出会えて、たくさんのコミュニティやつながりができたことも財産だね。

健　それは大きいね。ただされっきも話があったけど、プロはシーズンを通して試合に出てなんぼの世界。チームには35人くらいの選手が所属しているけど、試合に登録できるのは18人だけ。残りの半分くらいは試合に連れて行ってもらえないんだよね。選手は、試合に出ないかぎりJリーガーとして知られない。日曜日に試合がある場合、土曜日の午前練習のときに試合用の荷物を持ってクラブハウスに行って練習して、そこで発表される。選ばれないと持ち帰る。

志　もちろんチームによって違うけど、そういうところもあるね。自分が入る前からプロは厳しい世界だと聞いていたけど、本当に厳しいなと思う。

健　3番手、4番手のGKは、自分が出られる可能性がほとんどないとわかっていても荷物をパッケージして持っていかないといけない。でも、やっぱりベンチ入りメンバーに入れないと、多くの人の目には触れない。それを繰り返す選手がいるけど、プロ選手というのは精神的にタフじゃないとやっていけないよね。

志　そうだね。それでメンバーに入れないからと言って、何でもかんでも移籍すれば良いということでもないし。そこで何をするか。もうダメだと思って移籍したらそこでも何もできないと思う……って、若い頃の自分にも言いたいけどね

（苦笑）。選手をやっている以上、気持ちの波はあると思うけど、結局はふてくされてやっても良いことは一つもない。最終的に、ポンときたチャンスをつかめるのは、日々、継続して努力している選手だからね。ほとんど努力できていない人はチャンスすらもらえないし、ポンときたとしても準備ができていない。

健　若い選手は精神的にムラがあるよね。プロなら安定して当たり前？

志　それは言葉で言うほど簡単じゃない。俺もここ最近、2年くらいで落ち着いてきたと思うし、若いうちからアベレージが高くて、どんなときでも80％以上を出せる選手はなかなかいないよ。だから安定を考えるよりも、出たときに１００％のパフォーマンスを出すことを意識する。そうするとついてくるんだよね。最初から80％を出そうと努力するのではなく、１００％を出そうとする。あいつの１００％の力がすごいよねと言われるように準備したいね。もちろん、ずっと良いパフォーマンスを出し続けられたらいいし、80％のものをたくさんできる選手も良いけど、プロになって思うのは、武器があるのが強いということだね。何かに特化している選手は本当にすごいと思うから。

健　それは後悔があるということ？

志　でも、俺はそういう選手だからね……。アベレージの高さは、監督としてもすごく大事にすると思うから。ただし、サッカーでもそうじゃないところでも、世界では一つでも特徴がないといけないないと思う。何かに優れていないと外国人枠を使ってもらえないとは思っているよ。

健　ダメなところを修正するよりも、良いところを徹底的に伸ばす指導が大事だということだね。怒るのではなく、何度もチャレンジを促すようなな。そこは指導者の力が大きいと思うし、親もそうだね。人はどうしても悪いところに目がいきがちだけど、良いところを伸ばすことをするべきでしょ。

志　うん。

人生を一番考えたボスニアの6時間

健　志有人は10年間プロを続けてきて、怪我で苦しんだシーズンもあったけど、2020年1月に海外に初めて挑戦した。その気持ちになったのはどうして？

第6章
自分の生き方は自分で切り拓け！

志　これまで、自分が悪いこともあったけど、自分の意見が間違っていないと感じたこともあったから、もっとフラットに評価してくれるところでやりたいという想いもあったんだよね。誤解を恐れずに言えば、自分は性格的に損をしたり、監督から扱いづらいと思われたりすることも多かったと思うから。でも、それだけが理由じゃない。長崎を退団してチームが決まらないときに、サッカーだけじゃなくて、一人の人間としての人生を考えた。すごく自分と向き合った。自分が何をしたいのかを問いかける作業は苦しい日々だったけど、一つの答えがそれだったんだよね。日本だけで暮らして人生を終えるのが嫌だったというかね。いろんなものをちゃんと見たいと思った。違う価値観とか。日本の価値観だけでは死にたくないと思ったから行ってみたんだよ。

健　オーストラリアが決まる前に、ボスニア・ヘルツェゴビナにあるオシム監督の息子さんのアマル・オシムが監督をしているFKゼレズニチャル・サラエヴォにも行ったよね。

志　そう。誰にも言ってなかったけど、一人で練習参加に行ったね。空港から3時間かけてクラブの昼食会場みたいなところに行ったんだけど、「俺、何してるんだろう……」って。すごいところだったから（笑）。辛かったよ。英語が話せたからコミュニケーションはとれたけど、すごくキツイと思った。

健　サッカーが？

志　サッカーも生活も両方だね。Jリーグとは違うし、そもそも日本のリーグより優れた環境は、ヨーロッパの主要国以外では見当たらないよね。それを経験したから、今はどこに行っても大丈夫だと思っているけど（笑）。そこで1週間くらいやったんだけど、練習試合でも、日本では絶対に感じられないようなインテンシティ（プレー強度）の高さだった。殺し合いじゃないけど、そういうレベルのぶつかり合いのなかで90分間やった。終わったときに、「俺、よく生きてたな」って。そういう達成感は毎試合あったね。毎試合、生きてるって感じるんだよ。でも、その環境のなかで、怪我をしないで半年もできないだろうと感じたから帰国したんだ。

健　帰りの飛行機も2日くらい飛ばなかったんだよね（笑）。

志　そうそう。5時間くらい待って、飛行機が飛ばないと言われる気持ちわかる？　一生帰れないかもなって。その日はそこに泊まって、6時間かけてタクシーでセルビアまで行った。電波もないし、携帯もないし、ずっとオフライン。どこにいるかもわからない。このまま死んだっておかしくないし、人生のなかで自分と一番向き合った6時間だった（笑）。その経験は大きくて、自分のなかである程度のやりたいこと、どうやって生きていきたいかを考えた。そういうことも含めて、俺は経験がすべてに近いと思っている。時間が経てば良い経験だったと思えるからね。何かにチャレンジしようと思ったらやったほうがいい。怖さや不安はあるし、その先を考えるのは難しいけど、しなくていい経験はなかったかな。

引退したときに誰かが助けてくれるわけじゃない

健　さらにベトナムにも行っていたよね。

志　そう（笑）。ベトナムは、ボスニアよりも英語が通じないし、ご飯もおいしくないし、ホテルも汚いし、どうしようかなって。でも、サッカーでコミュニケーションがとれた。そのときもキツかったな。帰国してからオーストラリアに決まって向かったんだけど、シドニー最高だなって（笑）。チームも仲間も、土地も。そうやってモチベーションを高くやっていた矢先に、前十字靭帯断裂……。死ぬほど苦しんでようやく決まって、わずか1週間で契約解除はタフだよ。でもさ、それを乗り越えるしかないんだよね。

健　仕方のないことだからね。

志　そうそう。僕は2年前に左足の前十字靭帯も切っているんだけど、前回と違って、今回は怪我した瞬間はまさか切れていると思わなかったんだよね。でも、実際はしっかり切れていた（笑）。残念だったけど、ショックはそんなに大きくないというか。その日は熟睡できたし、次の日は観光をしていたし、周りからは心配されたけどケロッとしていた。それは何でだろうと思ったけど、たぶんサッカー以外に好きなことがあったからだね。洋服もそうだし、友達もそう。そういうものはサッカーにもすごくプラスになるし、ショックなことがあったときでも切り替えられる。前十字靭帯の怪我は2回目だったけど、1年半前の1回目もそれほどショックではなかった。まあ、リハビリは人が想像するより5倍はキツイけど（苦笑）。毎日、スクワットは500回くらいするし。でも、リハビリをしていない時間は好きなことをしていた。サッカー以外の好きなことを見つけるのは大事だし、サッカーしかないのはもったいないよね。

健　小さい頃からそういうものを見つけるのが大事だよね。

志　もちろん、無理をして見つける必要はないけど、保護者の人に伝えたいのは、可能性をたくさん見せてほしいということ。何がひっかかるかわからない。僕は今アパレルもしているけど、好きなことが一つじゃなくて良いと思う。

健　プロサッカー選手は午前中で練習が終わってから時間があるよね。そのことに引退間際で気づいても遅い。現役からダブルワーク、トリプルワークが大事。

志　そのあたりは子どもも大人も一緒だよね。遊びも勉強も大事だし、そこから得るものもある。サッカーも一緒にできるからバランスだよね。この歳になって思うのは、サッカー以外でサッカーにつながるものが多いということ。机に向かうだけが勉強じゃないから、誰かの話を聞くとか、自分の幅を広げる意味での勉強も、サッカー選手になってからも大事だと痛感しているよ。

健　日本にはさ、一つのことをやり切るのが大事という価値観があるよね。

志　それは否定しないし、そう思う人はやったらいいと思うよ。でも現実的には、プロサッカー選手として稼げるのは一握りだし、選手になれても年齢の制限がある。サッカーをずっとプロとして続けられたらいいけど、僕もこれまでいろんな選手を見てきて、引退する場面も見てきたなかで、「やり切った」って気持ちでやめられる選手はなかなかいないんだよね。(次の移籍先を) 探して、探して、オファーを待って、それでも金額的に家族を養えないからとやめていく。そういうときに、誰かが何かをしてくれるのを待つのではなくて、自分で稼げる方法があるといいよね。たとえば、アパレルで月50万円を稼げていたら、サッカーで月20万円の環境だったとしても、それを合わせて生活できる。もちろん、50万円を稼ぐのは簡単じゃないけど、そういうものがあれば契約満了になっても余裕をもてる。サッカー選手にも選択肢があればすごくいいと思う。サッカーがおろそかになるような、キャパシティ超えじゃなくていいけど、やれることはあるよ。

健　それこそカフェの店長になってもいい。でもいないよね。どうしてだろう?

志　社会的にも、サッカー選手はサッカーをしておけという風潮があるからね。負けたりミスをしたりすると、そんなことをやっているからだと言われてしまう。でもさ、引退したときにその人が助けてくれるわけじゃないからね。自分が信じることをやるべきだよ。結局、自分が何かをしないと助けてはもらえない。

健　そこはまさに自分がロールモデルだね。自ら実証しようとしてる。

志　もともと洋服が好きで、ケガをする前にやっていたからね。サッカーと同じくらい好きだよ。こういうのはあわててやるものじゃないからそのために知識をつけるべきかな。サッカー選手だと、何からしていいかわからないとか、好きなことが見つからないとかってことがあるけど、たとえば英語ができたら、そこから派生して見つかるかもしれないとかね。探るためには何を始めてもいいし、できることが増えればやりたいことも増えてくる。何をすればいいかわからないとやめてしまう前に、ちょっとでも興味があればやったらいいのかなって。

健　なんか俺みたいなことを言っているね（笑）。

志　そうかもね（笑）。今は政治やビジネスの勉強もしてるよ。つまらないこともあるけど、知らないといけないことは勉強もする。サッカー選手であっても、サッカーだけをしていればいいわけじゃない。育成年代の選手も、トップの現役の選手だって考えなくちゃいけないことだと思っているかな。

おわりに

僕が10歳のときだった。母親が亡くなった日のことは今もよく覚えている。

前夜から病院に行っていた父が早朝に家に戻ってきて、今朝方に母が亡くなったことを告げられた。がんだったんだ。僕はどこか冷静にその事実を受け止めていた。そうなることを予感していたんだと思う。

前日の昼間、母の病室に呼ばれた。僕をベッドに呼び寄せて、母はこう言った。

「ケンちゃん。ママはあなたのサッカーの試合に、もう応援に行けないの。でも、あなたはきっと素晴らしい選手になると思っているし、何よりもたくさんの人を幸せにするために自分の人生を生きてほしい」

36歳という若さでこの世を去ったわけだが、あのとき、母に言われた「人を幸せにするために生きなさい」という言葉は、僕の生き方に大きな影響を与えたんだ。

葬儀の翌日、僕がチームの試合に行くと、監督をはじめみんなに驚かれた。まだ、無理に試合にこなくていいんだよって。

ただ、僕はサッカーがしたかった。僕の心の拠り所はサッカーだったんだ。サッカーさえしていれば、嫌なことや悲しいことを忘れられる。学校は嫌いじゃなかったけど、ピッチの上は、はるかに楽しい場所だった。


あれから約50年――。サッカーは常に僕に寄り添ってくれてきた。

毎日、大好きなサッカーに関わる仕事をしている。クラブハウスに車を停めて、目の前に広がる広大な緑のピッチを見るたびに心躍るんだ。

うちのグラウンドで大会を開くたびに、1000人近くの選手や保護者がやってくる。楽しそうにボールを蹴っている子どもたちを見ると、本当に頑張ってこの施設をつくってよかったなって思うんだよね。

50年前に母に言われた、「人を幸せにするために生きなさい」とは、こういうことなんだなと。誰かのために何かをやって、その人が笑顔を見せてくれたときが、一番幸せを感じる瞬間なんだ。

これからもたくさんの子どもたちを笑顔にするために頑張るけど、それって自分のためなんだよね。だから、大変なことがあっても頑張れるし、それを乗り越えれば、子どもたちの笑顔が待っていると思うと勇気も湧いてくるよ。サッカーがあったから、僕の人生は毎日が楽しくて充実したものになっている。このスポーツに本当に感謝しているから、この喜びを僕だけのものじゃなくて、たくさんの人に広げていきたいんだ。

普段、SNSを通じて交流があり、僕の考えに共感、賛同してくれた方たちの名前を最後のページに掲載させていただきました。みんな、本当にありがとう。一緒に日本のサッカー界がより良くなるように、これからも変えていきましょう！

最後に、本書を刊行できたのは、サッカー仲間であり、昔からの友人でもあるスポーツライターの北健一郎さんから、「ぜひ、ケンさんの想いを伝える本を出しましょう」というオファーがあったからなんだ。

ライターの本田好伸さん、徳間書店のブックプロデューサーの苅部達矢さんと4人で「チームKEN」をつくって、喧々諤々の議論をしながら、1冊の本をつくりあげた。パッションのあふれる本にしてくれて、ありがとう。

そして何より、サッカーを通して、これまで僕に関わってきてくれた人たち。たくさんいすぎて一人ひとり名前を出せなくて申し訳ないけど、全員に感謝しています。もちろん、普段から毎週のようにサッカーをしている僕のチーム「Ken's Squad」の仲間たちにも。これからもずっとボールを蹴り続けよう。

この本を読んで刺激を受けた親御さんの元で育った子どもたちが、どんどん海外に飛び出して、新たな道を切り拓いていくようになったら、絶対に日本は変わってくると思うんだ。そんなきっかけに本書がなってくれたらと心から願っています。

それでは、また、どこかのピッチでお会いしましょう。

日本一幸せなサッカー人
幸野健一

青山 範子
棚原 小夏
脇田 佐英子
河村 益澄
松尾 セシリア
恩田 道子
松木 智子
高田 美和
武政 直子
杉下 奈保子
三澤 麻里子
外村 直美
滝野 美和
鳥山 真由
西田 冬海
城野 清香
佐々木 維
郷原 礼子
岡田 祐子
杉田 真弓
大和 恵子
鈴木 知恵
浅島 麻希子
掛橋 亜里美
濁川 陽子
大内 智子
岡本 恵
村雨 玲子
赤澤 美佐子
濱 かおり
菅 由歌
神山 涼子
高橋 真唯
立石 みか
馬場園 梨香
松浦 宏子
佐野 真理子
中間 くみこ
藤井 喜代美
平野 香織
富沢 かをり
佐藤 あさみ
中鉢 由紀子
工藤 美樹
矢口 樹梨
金澤 博美
藤城 春花
田港 真知子
長谷川 明子
秋吉 美佳
後藤 有美
松永 玲佳
小西 こころ
萱沼 ゆうみ
北村 かおる
豊川 友子
福山 由紀子
宮原 美佳
秦 忍
大八木 佐智子
木村 好珠
伊藤 美樹
國廣 公弥子
内田 正樹
塩沢 裕美
古河 裕子
板垣 晶子
太田 宏
高栁 幹治
鈴木 彩子
久保木 和加
泉 亜希
井亦 育子
中嶌 和美
川本 峻也
松田 泰子
中沢 涼子
額田 舞
高橋 英之
堀部 裕美
須田 珠希
平山 博子
鈴木 真理子
小野 愛
山内 明美
宮澤 もとみ
竹田 美千子
森屋 まき
内山 栄子
渡部 美希
渡辺 和泉
貝良塚 順子
松本 文恵
横山 真弓
田中 恵子
三瓶 まどか
中村 光世
原 紀美代
荒井 あゆみ
浦 未来
野口 夏子
米子 静
古谷 陽子
池田 恵美子
伊藤 涼子
野木 久美子
杉山 美由紀
滝澤 千景
秋吉 さつき
唐津 美奈子
佐藤 忠範
藤澤 康子
成澤 沙織
林 紗矢香
吉田 真由美
羽澤 亜美
井内 美砂
桑原 薫
細矢 美香
泉 有紀
大山 涼子
小野 愛
矢部 恵美
表寺 留美子
大石 絵里子
松永 由加里
和島 沙織
三田 涼子
荒井 千春
早坂 香織
田川 美華
飯盛 千佳子
小島 美里
鈴木 ゆか
齋藤 豪己
寺坂 真理
オツコロ 麻衣
勝又 恵美
黒木 元恵
野村 陽子
増山 美幸
大塚 美穂
moko2129
岩下 加奈子
山本 愛
川崎 真希子
栗田 未来
中原 知子
増田 美智子
増山 彩
広木 麻美
下條 育里
文屋 麻衣子
村山 陽子
佐々木 恵美
上貞 亜弥
石塚 由起子
高橋 布由子
山森 里佳子
川満 めぐみ
浅見 仁彦
西村 瑞穂
久保田 高史
沼野 久美
村上 敦子
張 寿山
井上 義隆
佐々木 大
深谷 真弘
政本 晶生
内山 崇
富阪 幹枝
庄崎 由紀
谷北 晃浩
平角 和也
渡邉 卓矢
斉藤 健太
内山 崇
西村 真理子
樋口 昌純
中山 聖
小林 壽之
張ヶ谷 紘一
植松 慶太
鈴木 ようこ
小松 ゑり
伊藤 祐佳
岩田 光代
石井 なつえ
福本 由美子
中原 理惠
吉本 裕香
早坂 英里
伊藤 貞治
美濃村 慶太
大澤 隆徳
橘 一記
西脇 清枝
菊池 麻衣子
加藤 茉穂
須藤 文子
佐藤 由起子
笹森 由子
村木 三穂
松尾 恵子
土屋 明代
下村 東美
石澤 貴子
正岡 めぐみ
村松 景子
本間 仁美
野村 康次郎
大橋 佳奈
須澤 玲子
大橋 美樹
張 貴樹
西野 虎太郎
朴 翔人
中村 文子
増田 真

PASSION

KEN'S サポーター

武田 かおり
相川 瑠美子
渡邊 深雪
濱野 悠子
森 真由美
run_yu_ko
中山 直美
今井 昌美
関舞 衣子
下新 佳奈子
小山内 あゆみ
古屋 菜穂
高橋 季美
日下 景子
池田 久美子
芳賀 市子
藤 美希
先崎 香
山岸 怜香
長屋 有里
生子 円佳
秋吉 貴子
橘 ひろこ
安倍 さやか
及川 名美恵
鎌田 美香
riekooxxibg
齊藤 恵美
岩野 由紀子
水嶋 ますみ
佐賀 摩知江
川村 都巳
伊藤 泰樹
高橋 衣理子
関田 雅恵
竹原 貴子
宮里 博美
横山 友
野口 美由紀
中澤 宏美
土岐 美紗
堀川 カオリ
酒井 弥咲
河原 和美
小林 佐記子
岩井 弘美
日野 健人
熊谷 たまき
深町 幸世
足立 雅子
香月 由香里
笠井 裕貴
林 舞
伊藤 沙知
立川 友理
井上 七絵
中野 ルリ子
後藤 理加
國吉 由美
森島 香織
稲泉 由梨
田野倉 祥枝
高橋 加奈
島田 佳代子
三橋 亮太
野口 由美子
及川 亜矢
沼田 潤
吉野 友子
花村 由美子
杉浦 久枝
渡部 真樹子
吉村 晴美
高橋 静恵
根井 奈緒
伊沢 まゆみ
大谷 珠緒
荻原 和恵
山下 歩美
高橋 未来
硲本 麻由
西岡 由子
長房 とも子
Ota Maki
伏見 芳実
葛西 久美
持木 雪穂
南濱 祐子
石原 真由美
水野 宏美
竹口 純子
竹内 琴美
福田 昌美
ラングフォード はるか
石山 加帆里
河合 敦子
山野内 亜紀
詫間 康江
川中 咲希
笹木 昌子
田尾 理恵
上田 良子
竹内 里美
zuzue
宇佐見 里香
藤田 真弓
阪本 由香利
勝谷 幸登子
川合 千絵
白水 亜紀
須藤 ゆか
木村 真由美
木庭 多輝子
横田 留美
村田 由香莉
坂本 季子
木村 理絵
粟生 礼子
山本 由紀子
ヒラノ マリ
片山 あゆみ
横山 愛
上野 未貴
村上 磨美
坂下 佳子
土肥 ゆか
鈴木 舞
増井 静香
岡村 幸子
小林 香
石川 あゆみ
藤田 美香
座間 千鶴
田中 久代
林 直美
上野 千穂
小林 聡
武田 かおり
近藤 史恵
松嵜 恵理
先村 麻衣
外岡 真理子
狩野 由美子
佐藤 綾
袴田 小織
西脇 まり子
天野 涼子
高梨 裕美
比嘉 あい
森 洋子
横関 真弓
嘉数 香里
永田 綾子
芥川 彩
鎮西 知子
高城 久美子
横尾 結香
大森 敬香
藤田 響子
上田 朋美
鈴木 祐理子
尾崎 真弓
伊藤 和子
海平 真奈美
内田 芳美
飯田 あかり
園田 恵子
川崎 倫央
西田 好江
大和 真弓
古屋 留美子
福岡 麻美
勝野 恵美
小泉 朋子
松浦 恵美
長島 陽子
竹内 里美
岩城 純子
高田 恭江
後藤 美佳
尾石 ゆう
齋藤 三枝
西岡 郁美
美濃 勝
柚木崎 裕子
妹尾 麻己
山本 珠未
山崎 紀子
竹内 三和
山口 真代
金子 慶美
淺野 比呂美
本間 朱美
秋吉 貴子
中田 園実
江嵜 里香
横山 律子
加藤 恵理子
江森 英統子
小林 美貴
田名部 恵津子
熊谷 貴美
杉谷 美香
峯野 明香
森岡 真奈美
粟野 美都子
高橋 知美
原田 香織
村上 若子
大竹 真理子
野呂 礼子
西本 佑香
佐藤 ゆかり
高橋 真美
武井 晴美
松瀬 貴子
大畑 友紀
桶川 あゆみ
村松 美津子
高久 幸子
加藤 友香
原田 マチ子
稲垣 恵美子
加藤 あきの

幸野健一（こうの・けんいち）

1961年9月25日、東京都生まれ。サッカーコンサルタント。
中央大学杉並高校、中央大学卒業。7歳よりサッカーを始め、17歳のときに単身イングランドへ渡りプレミアリーグのチームの下部組織等でプレー。以後、指導者として日本のサッカーが世界に追いつくために、世界43カ国の育成機関やスタジアムを回り、世界中に多くのサッカー関係者の人脈をもつ。現役プレーヤーとしても、50年にわたり年間50試合、通算2500試合以上プレーし続けている。育成を中心にサッカーに関わる課題解決をはかるサッカーコンサルタントとして活動し、各種サッカーメディアにおいても対談・コラム等を担当する。2014年4月に千葉県市川市に設立されたアーセナル サッカースクール市川の代表に就任。専用の人工芝グラウンドを所有し、イングランドのアーセナルFCの公式スクールとして活動していたが、2019年4月よりFC市川GUNNERSにチーム名を変更した。また、33都道府県で開催し、400チーム、7000人の小学校5年生選手が年間を通してプレーする日本最大の私設リーグ「プレミアリーグU－11」の実行委員長として、日本中にリーグ戦文化が根付く活動をライフワークとしている。

デザイン　坂井栄一（坂井図案室）
構　　成　北健一郎　本田好伸
帯 写 真　松山勇樹
校　　正　月岡廣吉郎　安部千鶴子
組　　版　キャップス
編　　集　苅部達矢

パッション　新世界を生き抜く子どもの育て方

第1刷　2020年6月30日

著　者　幸野健一
発行者　小宮英行
発行所　株式会社徳間書店
〒141-8202　東京都品川区上大崎3-1-1目黒セントラルスクエア
電　話　編集（03）5403-4344／販売（049）293-5521
振　替　00140-0-44392
印刷・製本　大日本印刷株式会社

本書の無断複写は著作権法上での例外を除き禁じられています。
購入者以外の第三者による本書のいかなる電子複製も一切認められておりません。

乱丁・落丁はお取り替えいたします。
© 2020 KOHNO Kenichi
Printed in Japan

ISBN978-4-19-865109-1